.183.

Différe de

inv. Q. 7500

(Par le titre.)

I0650044

CATALOGUE

DES LIVRES DE JURISPRUDENCE, D'ÉCONOMIE POLITIQUE,

DE FINANCES ET D'ADMINISTRATION,

COMPOSANT

LA BIBLIOTHÈQUE ACTUELLE DE LA CHAMBRE DES DÉPUTÉS;

AVEC LA LISTE DES OUVRAGES EN DIFFÉRENTES LANGUES,

DONT ON POURRAIT FAIRE SUCCESSIVEMENT L'ACQUISITION,

POUR PARVENIR A FORMER

UNE BIBLIOTHÈQUE COMPLÈTE ET SPÉCIALE
DE LÉGISLATION.

IMPRIMÉ PAR LES SOINS DE MM. LES QUESTEURS,
A L'USAGE SEULEMENT DES MEMBRES DE LA CHAMBRE.

TOME I.

1re PARTIE. — JURISPRUDENCE.

PARIS,

IMPRIMERIE DE FIRMIN DIDOT FRÈRES,

RUE JACOB, N° 24.

1833.

INTRODUCTION.

La bibliothèque de la Chambre des Députés fut fondée par une résolution du Conseil des Cinq-Cents, en date du 26 pluviose an IV (15 février 1769). Il lui fut assigné pour premier fonds, douze mille volumes, que le comité d'instruction publique avait réunis à l'hôtel d'Elbeuf, place du Carrousel. Le Conseil des Cinq-Cents siégeait alors aux Tuileries. Lorsqu'il fut transféré au palais Bourbon, la bibliothèque le suivit, et fut conservée au Corps - Législatif, qui remplaça ce Conseil; mais, quoique placée dans le local même du Corps-Législatif, cette bibliothèque ne lui appartenait pas ; il n'en avait pas même la jouissance exclusive, car il la partageait avec le Tribunat et le Conseil-d'État, qui tous deux cependant avaient leur bibliothèque particulière. Le ministre de l'intérieur nommait seul les bibliothécaires, et réglait tout ce qui concernait l'acquisition des livres et leur surveillance. Ce ne fut qu'en l'an XIII (1804), lorsque le sénatus-consulte de frimaire an XII eut donné une

a.

nouvelle organisation au Corps-Législatif, que la bibliothèque fut déclarée lui appartenir. Depuis 1814, elle est devenue la propriété de la Chambre des Députés.

Le fonds primitif de douze mille volumes, du comité d'instruction publique, fut successivement augmenté d'ouvrages divers, tirés des dépôts de bibliothèques supprimées, d'un exemplaire de chaque nouvelle publication, que les imprimeurs et l'imprimerie royale devaient déposer, et enfin par le moyen d'une allocation annuelle de 6,000 fr., mais dont une partie passait à l'abonnement aux journaux.

La bibliothèque possédait environ 18,000 volumes, lorsqu'elle devint la propriété du Corps-Législatif. L'allocation annuelle ayant été portée à 10,000 fr. ; le nombre des volumes s'éleva bientôt à 25,000, et c'est ainsi qu'elle fut transmise en 1814 à la Chambre des Députés, à l'époque de la restauration.

Depuis, son crédit annuel de 10,000 fr. ayant été affranchi de la dépense des journaux, et plusieurs fois des suppléments lui ayant été accordés sur le boni des exercices, d'importantes acquisitions ont été faites, et le nombre des volumes s'élevait en 1827 à 43,893, répartis de la manière suivante :

Théologie............... 2,863
Jurisprudence......... 4,895
Sciences et arts......... 6,478
Belles-lettres.......... 7,770
Histoire.............. 21,887

Ce nombre excède aujourd'hui cinquante-trois mille; mais la répartition qu'on vient d'indiquer, et qui s'est continuée, montre suffisamment qu'aucun système particulier n'avait été adopté dans la composition de cette bibliothèque, et qu'on réunissait indistinctement tout ce qui se présentait de bons ouvrages sur toutes les matières. Les rapports des commissions de comptabilité (1) signalent même avec satisfaction le choix des ouvrages, sous le rapport de leur beauté, de leur prix, des *éditions princeps, des manuscrits, soit anciens, soit modernes, des collections d'œuvres gravées de grands peintres, de médailles et de cartes géographiques.*

Il nous a paru qu'il était temps de suivre une autre marche plus d'accord avec les travaux dont s'occupe la Chambre, et de nous attacher principalement à l'acquisition d'ouvrages qui, avec le temps, pourraient composer une *bibliothèque spé-*

---

(1) Rapport de M. Gauthier en 1827.

ciale et complète de législation. Si cette idée était
venue plus tôt à la pensée, et qu'on y eût appliqué
les 380,000 fr. qui ont été employés depuis trente-
sept ans, on aurait aujourd'hui, au lieu d'ouvrages
de luxe, la collection la plus importante, la plus
utile, la seule même qui existe en Europe, pour
toutes les matières relatives aux travaux parlementaires.

Il ne faut pas cependant regretter l'emploi de
ces fonds, qui ont servi à l'acquisition d'ouvrages
d'art, d'histoire et d'érudition, choisis avec goût et
discernement par le respectable conservateur de
notre bibliothèque, que nous avons eu le malheur
de perdre dernièrement. Pour peu qu'on se livre
à des recherches approfondies sur un point quel-
conque de critique, on sait que les ouvrages spéciaux sur ces matières suffisent rarement, et qu'il
faut toujours recourir aux sources ou aux ouvrages
classiques, qui n'ont souvent qu'un rapport éloigné
avec l'objet principal. Le local, d'ailleurs, ne per-
mettait pas de placer un plus grand nombre de
livres, et on devait s'attacher plutôt à leur valeur
réelle qu'à leur nombre. Il n'en sera plus ainsi par
la suite, et la nouvelle salle pouvant contenir
100,000 volumes, il sera facile de placer com-
modément les 53,000 que nous possédons, de
les ranger dans un ordre de matières systéma-

tique, et de trouver dans les dépendances de la Chambre de nombreux dépôts lorsque les acquisitions dépasseront ce nombre.

Nous avons donc pensé que, sans réformer aucun des ouvrages que nous possédons, nous pourrions destiner à l'avenir les principales dépenses à compléter tout ce qui concerne la législation. C'est d'après ce principe que nous avons fait l'année dernière l'acquisition précieuse 1° d'une collection unique de décrets, rapports, écrits divers, relatifs à la révolution de 1789, recueillis par les soins de feu M. Portiez de l'Oise, et formant plus de mille volumes imprimés ou manuscrits sur les discussions de nos assemblées nationales, et dont une grande partie n'existe nulle part (1); 2° d'un recueil complet des discussions des Cortès, en 63 volumes reliés, intéressant dans les circonstances actuelles; 3° d'un recueil de chartes, comptes originaux et manuscrits cités dans l'Histoire des Français de Monteil, et renfermant des documents

---

(1) Il s'y trouve, entre autres, la singulière collection de plus de 3,000 affiches imprimées ou manuscrites apposées sur les murs pendant la révolution, et faisant connaître les mesures adoptées alors pour la police, les mouvements des armées, les ventes de domaines nationaux, proclamations, exécutions, etc, etc.

sur les finances de France aux différentes époques, toutes pièces qui, dans les ventes en général, sont peu recherchées, mais qui se rattachant à un but, à un ensemble spécial, acquièrent sur-le-champ, et par cela seul, une grande valeur. Nous sommes occupés d'autres acquisitions du même genre, autant que le peu de fonds alloués dans notre budget le permet (1).

Nous avons été secondés dans ces vues par la sollicitude généreuse de plusieurs gouvernements auxquels nous nous sommes adressés afin d'obtenir par échange, ou seulement par bienveillance mutuelle, beaucoup de documents et d'écrits qui ne sont point dans le commerce. Le parlement anglais, auquel le président de la Chambre en 1831, M. Girod de l'Ain, écrivit, nous a envoyé le recueil de tous les débats parlementaires, enquêtes, discours, rapports, pièces justificatives, correspondance diplomatique, pendant toutes les sessions du parlement d'Angleterre depuis 1801 jusqu'au 21 août 1831, formant 437 vol. in-fol., reliés magnifiquement. On en trouve le détail dans

---

(1) Il en est une surtout qu'il serait bien important de posséder, c'est la collection de M. Deschiens, à Versailles, qui comprend dans 12,000 cartons, à peu près, tout ce qui a paru de journaux et de pamphlets depuis 40 ans.

le Catalogue, page 202 (1). Nous étions déja riches en *Annual Register*, *Collections of debats*, etc.; mais nous n'aurions pu nous procurer une aussi précieuse addition.

Le gouvernement belge s'occupe à réunir également tout ce qui peut nous intéresser, et l'un de nous a été l'année dernière se concerter à cet égard avec le conservateur des archives de la chambre des Représentants. Nous cherchons à obtenir également des différents cabinets avec lesquels la France entretient des rapports bienveillants, de semblables renseignements sur tout ce qui tient aux différentes branches de l'administration et de la statistique. Si l'échange des nouvelles publications qui se négocie dans ce moment avec plusieurs gouvernements, réussit, notre collection s'augmentera rapidement, et nous ne pouvons douter que le gouvernement, qui a déja enrichi notre bibliothèque des grands et beaux ouvrages sortis des presses françaises, n'aime à seconder le but nou-

---

(1) Nous nous sommes adressés aux différents ministres pour recevoir et envoyer au nom de la Chambre, au parlement anglais, un ensemble d'ouvrages importants en échange, et nous espérons que sous le rapport de l'intérêt parlementaire, du soin et de la beauté de la reliûre, nous ne serons point restés en arrière.

veau que nous nous sommes proposé, et qu'il ne peut manquer d'approuver.

Le catalogue dont nous publions aujourd'hui la première partie, et qui a occasioné une légère dépense dans le budget de 1832, comprendra 1° les ouvrages que nous possédons; 2° et en plus petit caractère la liste des ouvrages dans toutes les langues, imprimés sur les mêmes sujets, et qu'on se propose successivement d'acquérir. Cette liste, pour ce qui concerne la jurisprudence, a été formée principalement de la Bibliothèque du droit public, par M. Dupin aîné, et des catalogues de la Bibliothèque royale et de la Cour de cassation. Elle s'élève à 5,250 volumes. Chacun de MM. les Députés à qui le catalogue sera délivré, sera invité à ajouter à la liste le nom des ouvrages qui auraient été omis, et qui seront compris dans les acquisitions successives. Ce catalogue sera donc ainsi lui-même et d'avance un répertoire aussi complet que possible de chacune de ces matières, chose qui n'existe qu'imparfaitement dans la librairie, et la bibliothèque pourra former, avec le temps, la collection la plus importante et la plus étendue pour tout ce qui concerne les débats parlementaires, les questions d'économie politique, d'administration, de finances, enfin le régime constitutionnel, et le moyen d'étendre le plus loin les améliorations de tout genre. Elle sera telle, nous l'espérons, que les savants nationaux et étrangers seront obligés d'y recourir, et qu'on pourra par la suite leur en accorder la faveur dans l'intervalle des sessions.

L'art de gouverner est devenu aujourd'hui une science qui se développe dans toutes les branches qu'elle embrasse, et il est naturel que le dépôt des immenses matériaux qu'elle comprend soit placé dans le lieu même où son action s'exerce avec le plus d'importance.

Quoique nous proposions d'appliquer les deux tiers ou les trois quarts des fonds qui seront alloués à suivre cette pensée, nous réserverons cependant la somme nécessaire pour l'acquisition de tous les ouvrages nouveaux et importants qui paraîtront, afin que MM. les Députés ne soient point privés de la lecture d'ouvrages d'un mérite distingué, et qui d'ailleurs compléteraient les différentes matières auxquelles ils appartiennent. Nous nous féliciterons si cette mesure a l'approbation de nos collègues, et nous n'omettrons aucune démarche, aucun soin pour en accélérer le succès.

Les Questeurs de la Chambre,

A. DE LABORDE, DU MEILET.

CATALOGUE

DES

LIVRES DE JURISPRUDENCE

DE LA BIBLIOTHÈQUE

DE LA CHAMBRE DES DÉPUTÉS.

DROIT CANONIQUE.

1. — Histoire du droit canonique et du gouvernement de l'église, par M...., avocat (Jean-Louis
Brunet). *Paris*, Ant. Warin, 1720.......... 1 in-12.

2. — Institutiones juris canonici quibus jus pontifi-
cium singulari methodo libris IV comprehenditur
à Jo. Paulo Lancelotto Perusino conscriptæ,
(cum notis Jo. Solier). *Tolosæ*, B. Dupuy, 1671. 1   in-4.
—— Autre édition, cum notis Doujatii. *Parisiis*,
Dezallier, 1685 .... 2 in-12.

3. — Melch. pastoris juris canonici profess. opera
omnia cum notis Jo. Solier. *Tolosæ*, Caranobe,
1712 .... 1 in-fol.

4. — Antonii Corseti repertorium juris. (On croit
imprimé à Milan, 1486.) Marr. r. Tr. d. Goth. 1 in-fol.

5. — Jos. Valent. Eybel, introductio in jus ecclesiasticum catholicorum. *Viennæ*, de Kurzbock,
1777 ....4 tomes en 2 in-8.

1

6. — Christoph. Matthæi Pfaffii origines juris ecclesiastici. *Tubingæ*, Schramm, 1756........... 1   in-4.

7. — Julii Caponi institutiones canonicæ. *Coloniæ*,
Allobrog., Bousquet, 1734........2 tomes en 1 in-fol.

8. — Eusebii Amort elementa juris canonici. *Augus-
tæ-Vindelic.*, Gaum, 1757................ 3   in-4.

9. — Dominici Schram institutiones juris ecclesiastici academiarum germanicarum. *Augustæ-Vin-
delicor.*, Rieger, 1774.................... 3   in-8.

10. — Valerii Andreæ synopsis juris canonici per erotemata digesti et enucleati. *Lovanii*, Stryckwant,
1595................................. 1 pet. in-12.

11. — Petri Hallæi institutionum canonicarum lib. IV.
Parisiis, Lecointe, 1685.................. 1 in-12.

12. — Jani Vincentii Gravinæ institutiones canonicæ.
Augustæ-Taur., typ. regiæ, 1742........... 1   in-8.

13. — Collectio thesium in diversis universitatibus, etc.
circa theologiæ ac juris canonici dogmata. *Parisiis*, Desaint, 1768.................... 1   in-8.

14. — Institutiones juris canonici, ex Justiniani methodo compositæ operâ et studio Edmundi
Martin. *Parisiis*, Nyon, 1788.............. 2 in-12.

15. — Jo. Rudolphi Engau elementa juris canonico-
pontificio 'ecclesiastici. Edid. Joach. Erdmann
Schmidt. *Jenæ*, Croeker, 1765............. 2   in-8.

16. — Frid. Schragii introductio in jurisprudentiam
juris canonici. Accurante Dan. Dietrico. *Francof.*,
1759................................ 1   in-8.

17. — Institutiones jurisprudentiæ canonico-civilis,
studio religiosor. Monasterii Ettonis; curante
Gallo Cartier. *Aug.-Vindelicor.*, Veith, 1758.. 1   in-4.

18. — Claudii Fleury institutiones juris ecclesiastici latinè redditæ, cum notis Henningi Boehmeri, Edidit Jo. Dan. Gruber. *Lipsiæ*, 1743 .... 1 in-8.

19. —— Autre édition (la 4ᵉ). *Parisiis*, Detournes, 1768 .... 1 in-8.

20. — Institution au droit ecclésiastique, par l'abbé Fleury. *Paris*, Hérissant, 1753 .... 2 in-12.

21. — Les loix ecclésiastiques tirées des seuls livres saints (par le docteur Fromageot). *Paris*, Desaint, 1754 .... 1 in-8.

22. — Claudii Fleury institutiones juris ecclesiastici, quas latinas reddidit et edidit Joan. Dan. Gruber. *Lipsiæ*, 1762, Ernest Gottl. Crugius .... 1 in-4.

23. —— Justi Henningii Boehmeri institutiones juris canonici ad methodum decretalium. Halæ Magd. Orphantroph. 1738 .... 1 in-4.

24. — Prænotionum canonicarum lib. v, quibus sacri juris atque universi studii ecclesiastici principia et adminicula enucleantur. Exarabat Joannes Doujat. *Paris*, Ant. Dezallier, 1697 .... 1 in-4.

25. — Les règles du droit canon, par J.-B. Dantoine. *Lyon*, Claude Plaignard, 1720 .... 1 in-4.

26. —— Principes du droit canonique universel, ou Manuel du canoniste, par Lucet. *Paris*, Onfroy, 1788 .... 1 in-4.

27. — Pauli Jos. à Riegger elementa juris ecclesiastici, etc. *Vindobonæ*, de Trattnern, 1776 ..... 1 in-8.

28. —— Un deuxième exemplaire .... 1 in-8.

29. — Pauli Jos. à Riegger institutiones jurisprudentiæ ecclesiasticæ. *Vindobonæ*, de Trattnern, 1777 .... 4 in-8.

30. — Achatii Ludov. Caroli Schmidii principia jurisprudentiæ ecclesiasticæ pontificiorum. *Jenæ*, Hartung, 1771 1   in-8.

31. — Francisci Florentis opera juridica studio J. Doujatii. *Parisiis*, de La Caille, 1679 1   in-4.

32. — Jo. Danielis ab Hoven compensia, sive spicilegia, etc., quibus illustrantur varia capita juris ecclesiastici primævi. *Campis*, Valkenier, 1766.. 1   in-4.

33. — Valerii Andreæ Desselii erotemata juris canonici præmittitur Georgii Adami Struvii programma. *Jenæ*, Adam Rastners, 1684 .... 1 in-12.

34. — Georgii Ludovici Boehmeri principia juris canonici, etc. *Gottingæ*, Vandenhoeck, 1762.... 1   in-8.

35. — Georg. Ludovic. Boehmeri observationes juris canonici. *Gottingæ*, Kubler, 1766 1   in-8.

36. — Bibliotheca juris canonici veteris, operâ Gulielmi Voelli. *Lutetiæ Paris.*, Lud. Billaine, 1661 .... 2 in-fol.

37. — Lucii Antistii Constantis de jure ecclesiasticorum liber singularis. *Alethopoli*, Pennatus, 1665.

    — Franc. Balduini Constantinus Magnus, sive de Constantini Imp. legibus ecclesiasticis atque civilibus libri duo. *Basileæ*, Oporinus, 1556... 1   in-8.

38. — Burchardi Wormaciensis episcopi decretorum libri XX. Melchior-Novestanus, 1548 .... 1 in-fol.

39. — Quinta compilatio epistolarum decretalium Honorii III et Gregorii IX. PP. studio Innocentii Cironii. *Tolosæ*, Bosc, 1645 .... 1 in-fol.

40. — Emm. Gonzalez Tellez Commentaria in libros decretalium Gregorii IX. *Lugduni*, Posuel, 1715. 4 in-fol.

41. — Collectio Canonum et Decretalium Isidori
Mercatoris M. S. (vélin)...................... 1 in-fol.

42. — Antiquæ Collectiones Decretalium, cum Ant.
Augustini et Jac. Cujacii notis. *Paris*, Seb. Cramoisy, 1609...................................... 1 in-fol.

43. — Decretum beati Ivonis Carnotensis episc.,
studio Molinœi Gaudensis. *Lovanii*, Barth. Gra-
vius, 1561 .... 1 in-fol.

44. — Gregorii IX P. M. decretales Epistolæ. *Ludg.*;
Vincent, 1542............................... 1 in-fol.

45. — Jani a Costa Comment. in Decretales Gregorii IX. *Lutet. Paris.*, Martin, 1676.......... 1 in-4.

46. — Alex. Chassanæi Paratitla in v lib. Decretalium Gregorii IX. *Tolosæ*, Salabert, 1684.... 1 in-12.

47. — Sextus liber Decretalium ab Egidio Perrino
recognitus et à Jac. Fontano illustratus, etc.
Lugduni, Vincentius, 1546.................. 1 in-fol.

48. — Decretum Gratiani denuò castigatum, cum
canonibus penitentialibus. *Lugd.*, Vincentius,
1547... 1 in-fol.

49. — Gratiani Canones, operà et studio Car. Seb.
Berardi. *Taurini*, typ. reg. 1752-1757....... 4 in-4.

50. — Ant. Augustini Dialogi de emendatione Gratiani. Emendavit Stephan. Baluzius. *Parisiis*,
Gravier, 1760.............................. 2 in-8.

51. — Ant. Augustini antiquæ decretalium Collectiones cum notis Cujacii, per Aubertum Mi-
ræum. *Paris*, Sebast. Cramoisy, 1621........ 1 in-fol.

52. — Codex canonum Ecclesiæ primitivæ vindica-
tus et illustratus, à Guill. Beveregio. *London*,
Roicroft, 1678................................. 1 in-4.

53. — Codex canonum vetus Ecclesiæ romanæ, à Franc. Pithæo restitutus. *Paris*, e typ. reg. 1687.   1   in-fol.

54. — Pseudo Isidorus et Turrianus vapulantes, seu editio et censura nova epistolarum quas Isidorus cognomento Mercator supposuit, recensuit David Blondellus. *Genevæ*, Pet. Chouet, 1628.. 1   in-4.

55. — Epistolæ romanorum pontificum et quæ ad eos scriptæ sunt à S. Clemente I usquè ad Innocentium III studio et labore Petri Constant Bened. *Paris*, Lud. Dyonis Detatour, 1721........ 1   in-fol.

56. — Ant. Augustini, arch. Terracon., juris pontificis veteris Epitome. *Romæ*, Ciacon, 1614.... 1   in-fol.

57. — Ant. Augustini, archiepiscopi Terraconensis, juris pontificii veteris Epitome. *Paris*, Michael Joly. 1614 1   in-fol.

58. —— Un 2ᵉ exemplaire.................... 1   in-fol.

59. — Jus ecclesiasticum universum, autore Zegero, Bernardo, Van-Espen. *Lovanii*, 1753-1757... 5   in-fol.

60. — Avis aux princes catholiques, ou Mémoires de canonistes célèbres, etc. 1768. (Par Le Merre, Dupin, Le Gros, Pouget, J.-P. Gibert, l'abbé Chevalier, Nᵃˢ Boursier, Van-Espen, Caradeuc de La Chalotais et Prévôt.) (Ces avis se trouvent dans le 5ᵉ vol. de Van-Espen. B. 11.),....... 2   in-12.

61. — Epitome Decretalium, etc., autore Antonio Salomon. *Lugduni*, Certe, 1700............ 1   in-8.

62. — Corpus juris canonici Gregorii XIII, P. M. jussu editum à Petro Pithæo et Francisco fratre restitutum. *Paris*, Dyon. Thierry, 1685....... 2   in-fol.

63. — Corpus juris canonici Gregorii XIII, Pont.

Max. jussu editum, à Petro Pithæo et Francisco fratre notis illustratum. *Parisiis*, Thierry, 1687. 2 in-fol.

64. — Corpus juris canonici in 3 tom. divisum à Jo. Petro Gibert. *Coloniæ Allobrogum*, Marcus Mich. Bousquet, 1735.............................. 3 in-fol.

65. — Prosperi Fagnani Jus canonicum. *Vesontione*, Joan. B. Charmet, 1740.................. 3 in-fol.

66. — Ancienne et nouvelle Discipline de l'Église, touchant les bénéfices et les bénéficiers, etc., par le R. P. Louis Thomassin, *Paris*, Muguet, 1678,............................... 3 in-fol.

67. — Joan. Brunnemanni de jure ecclesiastico Tractatus posthumus, à Sam. Strikio. *Francoforti ad Viadrum*, Jerem. Schrey, 1681............. 1 in-4.

68. — Ant. Schmidt Thesaurus juris ecclesiastici potissimùm germanici, sive Dissertationes selectæ in jus ecclesiasticum. *Heidelberg*, Goebhart, 1772............,................... 7 in-4.

69. — Epistolarum Innocentii III; accedunt gesta ejusdem Innocentii et prima Collectio Decretalium à Rainerio composita. Steph. Baluzius in unum collegit. *Parisiis*, Fr. Muguet, 1682..... 2 in-fol.

70. — Magnum Bullarium romanum à Leone Magno usquè ad Clementem X. Editio nova 5 tom. distributa. *Lugduni*, Petr. Borde, 1692, 5 tom. en 4 in-fol.

71. — Bullarium romanum magnum à Leone Magno, à Laertio Cherubino, Angelo Mariâ Cherubino, Angelo à Lantuscâ et Joan. Paulo à Româ. *Luxemburgi*, Andr. Chevalier, 1727-1748. ....,...10 in-fol.

72. — Collectio Bullarum SS. basilicæ vaticanæ bre-

— Réponse de M. l'évêque du département des
Vosges à diverses questions sur les principaux
points de la nouvelle constitution. 1792....... 1   in-8.

80. — Bibliotheca maxima pontificia auctorum qui
pro sede romanâ scripserunt, à Joanne Thomâ
de Rocaberti. *Romæ*, 1698-99, Joan. Franc.
Buagni. ....21 in-fol.

HIÉRARCHIE. PUISSANCE ECCLÉSIASTIQUE
ET POLITIQUE.

81. — Examen du Traité (de M. J. Savaron) de la
souveraineté du roi et de son royaume. 1615,
(par Jean Le Coq)....................... 1   in-8.

82. — Principes sur la fidélité au roi (par M. l'abbé
de Villiers.) *Paris*, d'Houry, 1776........... 1   in-8.

83. — H. Grotii de imperio summarum potestatum
circà sacra Commentarius postumus, accesserunt scolia Davidis Blondelli, cum ejusdem
tractatu de jure plebis in regimine ecclesiastico.
Hagæ-Comitis, Ulacq, 1652............... 1   in-8.

84. — Traité du pouvoir du magistrat politique sur
les choses sacrées, traduit du latin de Grotius.
Londres, 1751 (par Lescalopier)........... 1   in-8.

85. — Origine et étendue de la puissance royale suivant les livres sacrés et la tradition, par Maultrot. *Paris*, Leclerc. 1789-90.............. 3 in-12.

86. — Traité des droits de l'État et du prince sur
les biens possédés par le clergé. *Paris*, Servière,
1787. (Par Eugène Mignot.)............... 5 in-12.

87. — Du pouvoir des souverains et de la liberté de

conscience, traduit du latin de Noodt, par J. Barbeyrac. *Amsterdam*, Pierre Hambert, 1704.... 1 in-12.

88. — Principe fondamental du droit des souverains (par Le Roy de Barincourt.) *Genève*, 1788. 2 in-8.

89. — Les droits des souverains défendus contre les
excommunications et les interdits des papes,
par Frapaolo. *La Haye*, Henri Scheurleer, 1721. 2 in-12.

90. — Ludovici Cellotii horarum subsecivarum Liber singularis ad librorum Fr. Hallier de hierar-
chiâ ecclesiasticâ intelligentiam utilis. *Parisiis*,
Chaudière, 1648......................... 1   in-4.

91. — Le Songe Du Vergier qui parle de la disposition du clerc et du chevalier. Imprimé par
Jacques Maillet, 1491. (Attribué à Raoul de
Presle ou à Jean de Vertu, ou à Ch. de Lou-
viers, ou à Jean de Lignano.)............. 1 in-fol.

92. — J. Febronii jurisconsulti de statu Ecclesiæ et
legitimâ potestate rom. pontif. *Bullioni*, Evrard,
1763.................................... 1   in-4.

93. —— Une autre édition de 1765, en......... 2   in-4.

94. — J. E. Pellizerii de statu Ecclesiæ contrà Jus-
tinum Febronium. *Bayonnæ*, Fauvet, 1777.... 2 in-12.

95. — De republicâ ecclesiasticâ libri X, auctore
Marco Ant. de Dominis. *Londini*, Off. Norton-
niana, 1617.,............................ 3 in-fol.

96. De potestate Papæ, an et quatenùs in reges et
principes seculares jus et imperium habeat Guill.
Barclaii liber posthumus. *Mussiponti*, Garnich,
1610......................................

— Tractatus de potestate summi pontificis in rebus temporalibus adversùs Guil. Barclaium, autorc Rob. Bellarmino. *Romæ*, Zanelli, 1610.   1   in-8.

97. — Du pape, par l'auteur des considérations sur la France (le comte de Maistre). *Lyon*, Rusand. 1821.   2   in-8.

98. — De l'origine de la nature et des progrès de la puissance ecclésiastique en France, par le comte de Montlosier. *Paris*, Ladvocat, 1829.   1   in-8.

99. — Origines ecclesiasticæ, sive de jure et potestate ecclesiæ christianæ exercitationes, auctore Herberto Thorndicio. *Londini*, Roycroft, 1674 .   1 in-fol.

100. — Summâ de ecclesiasticâ potestate editâ ab Augustino de Anconâ. *Augustæ* (Joh. Schuszler), 1473. (Goth. edit. princ.) . . . .   1 in-fol.

101. — Summum romanæ apostolicæ sedis privilegium quoad evocationes et appellationes germanicas, anglicas, belgicas, etc., opus Christ. Lupi, Iprensis. *Bononiæ*, 1742, typis Longhi. . . . . .   1 in-fol.

102. — Edmundi Richerii libellus de ecclesiasticâ et politicâ potestate. *Coloniæ*, Balt. ab Egmond, 1701   2   in-4.

103. — Vindiciæ doctrinæ majorum scholæ parisiensis, ab Edmundo Richerio. *Coloniæ*, Balt. ab Egmond, 1683.   2   in-4.

104. — De Primatu divi Petri apostoli et summorum pontificum, auctore Thomâ Ramon. *Tolosæ*, Colomerius, 1617.   1   in-4.

105. — Petri Ballerinii de vi et ratione primatûs romanorum pontificum liber. *Veronæ*, Moronius, 1766   1   in-4.

106. — De antiquâ ecclesiæ disciplinâ dissertationes ab Elies Dupin. *Paris*, Seneuse, 1686......... 1 in-4.

107. — Gulielmi Barclaii de regno et regali potestate adversùs Buchananum, Brutum, Boncherium et reliquos momarchomachos libri VI. *Paris*, Guil. Chaudière, 1600...................●........ 1 in-4.

108. — Joan. Barclaii pietas, sive publicæ pro regibus ac principibus et privatæ, etc., adversùs cardinalis Bellarmini tractatum. *Parisiis*, Mettayer, 1612.............................. 1 in-4.

109. — N° 1. Suite de la correspondance de M. le comte de Saint-Roman et de M. Masuyer sur la souveraineté. *Paris*, Boucher, 1821.

N° 2. Consultations épistolaires ou Recueil de lettres d'un membre de la chambre des communes à un pair de France, sur divers sujets politiques. *Paris*, Le Normant, 1822............ 1 in-8.

110. — Causa regia, sive de auctoritate et dignitate principum christianorum dissertatio adversùs cardinalis Bellarmini tractatum de officio principis christiani inscriptum, auctore R. P. Thomâ Mortono. *Londini*, Jo. Billius, 1620......... 1 in-4.

111. — Déclaration du sérénissime roi Jacques Ier, roi de la Grande-Bretagne, pour le droit des rois et l'indépendance de leurs couronnes contre la harangue du cardinal Duperron. *Londres*, Jean. Bill, 1615.................... 1 in-4.

112. — Serenissimi Jacobi primi declaratio pro jure regis sceptrorumque immunitate, adversùs card. Perronii orationem. *Londini*, ex offic. Nortoniana, 1616.............................. 1 in-4.

113. — Censures et conclusions de la faculté de théologie de Paris touchant la souveraineté des rois.
Paris, Delespine, 1720....................   1   in-8.

114. — De l'inviolable et sacrée personne des rois
(par Pelletier.) F. Huby, 1610............   1   in-8.

PERSONNES ECCLÉSIASTIQUES, ORNEMENTS, DISTINCTIONS.

115. — Dissertationes quatuor quibus episcopatus
jura adstruuntur contrà sententiam Blondelli,
authore Hen. Hammond. *Londini*,Flesher, 1651..   1   in-4.

116. — Tractatus de officio et potestate episcopi Bartholomæi Ugolini. *Romæ*, Andræas Phœus, 1617.   1   in-fol.

117. — Panoplia sacerdotalis, seu de venerando sa-
serdotum habitu eorumque multiplici munere ac
officio in ecclesiâ Dei. Appendix primus, de invo-
catione Christi. Secundus, de eucharistiæ adora-
tione , auctore Andreâ Du Saussay. *Lutetiæ-
Paris.*, Seb. Cramoisy, 1653..............   1   in-fol.

118. — Jo. Georg. Pertsch tractatio canonica de origine, usu et auctoritate Pallii archiep.,,cum dis-
sertationibus Jo. casp. Barthel et Dan. Papebro-
chii *Helmstad.* Weygand, 1754............   1   in-4.

119. — Pallium archiepiscopale, auctore Nicolao de
Bralion. *Parisiis*, Camusat, 1648..........   1   in-4.

120. — Pompa episcopalis dissertatio ecclesiastica ,
auctore Fr. Bonichon. *Andegavi*,apud Renat. Her-
nault, 1650................................   1   in-fol.

121. — Praxis episcopalis Pauli Piasecii episcopi
chelmensis. *Venetiis*, Marcus Ginammus, 1647.   1   in-4.

HÉRÉTIQUES. INQUISITIONS.

132. — Tractatus de officio sanctissimæ inquisitionis et modo procedendi in causis fidei, auctore Cæsare Carenâ. *Cremonæ*, 1642, apud Marc. Ant. Belpierum .... 1 in-fol.

133. — Directorium inquisitorum fratris Nic. Eymerici, ordine prædic. cum commentariis F. Pegnæ, emendatum et auctum. *Romæ*, apud Guill. Ferrarium, 1587 .... 1 in-fol.

134. — Le Manuel des inquisiteurs à l'usage des inquisitions d'Espagne et de Portugal, ou abrégé de l'ouvrage intitulé : Directorium inquisitorum, composé vers 1358, par N. Eymeric. *Lisbonne*, 1762 (par l'abbé Morellet.) .... 1 in-12.

135. — Discorso dell' origine, forma, leggi et uso dell' inquisitione nella citta, e dominio di Venetia. del P. Paolo, del ord. de' servi. 1639... 1 in-4.

136. — Histoire critique de l'inquisition d'Espagne, par D. Jean Antoine LLorente, traduite par Alexis Pellier. *Paris*, Treuttel et Wurtz, 1817 .... 3 in-8.

BÉNÉFICES.

137. — Institutions ecclésiastiques bénéficiales, par J.-P. Gibert. *Paris*, Claude Jean-Baptiste Bauche, 1750 .... 2 in-4.

138. — Des droits de patronage, de présentation aux bénéfices, etc., par Claude de Ferrière. *Paris*, Legras, 1686 .... 1 in-4.

139. — Franciscus de Roye de jure patronatûs et juribus honorificis lib. II. *Nannetis*, Marie, 1743. 1 in-4.

140. — Dictionnaire du droit canonique et de pratique bénéficiale, par Durand de Maillane. *Lyon,* Joseph Duplain, 1776...................... 5 in-4.

141. — Traité des œuvres complètes de Piales, sur les matières bénéficiales. *Paris,* 1753-56-57-58 et 62.................................26 in-12.

142. — Dictionnaire historique des bénéfices, par M. H. D. C., avocat en parlement. *Paris,* Couturier, père, 1778......................... 1 in-8.

143. — Mémoires sur l'origine, l'imprescriptibilité, les caractères distinctifs des différentes espèces de dîmes, par Lanjuinais fils. *Rennes,* Vatar. *Paris,* Belin, 1786........................ 1 in-8.

144. — Traité des érections des bénéfices, par Laury, *Paris,* Demonville, 1781................. 1 in-12.

145. — Traité de la disposition forcée des bénéfices, par l'abbé Rathier. *Paris,* Cellot, 1780....... 3 in-12.

146. — Notæ car. Molinæi, Gerg. Louet, Ant. Levaillant, circà rem bencficiarum collectæ, à N. Sachot. *Parisiis,* Mouchet, 1724.......... 1 in-12.

147. — De re beneficiariâ liber singularis, sive quæstio celebris et difficilis, an liceat homini christiano absque culpâ, plura beneficia ecclesiastica possidere. 1710........................ 1 in-12

148. Traité de l'usage de la cour de Rome pour l'expédition, etc. des bénéfices de France, par Pérard Castel, avec les remarques de Guil. Noyer. *Paris,* Saugrain, 1717.................... 2 in-1

149. — Praxis beneficiariæ recentioris libri V; auctore Pyrrho Corrado. *Coloniæ-Agripp.,* Metternich, 1716........................ 2 in-fo

161. — Le bouclier de la France ou les sentiments de Gerson et des canonistes, touchant les différends des rois de France avec les papes, par Eustache Le Noble. *Cologne*, J. Sambis, 1691......... 1 in-12.

MARIAGE, CÉLIBAT, ETC. JURIDICTION ECCLÉSIASTIQUE.

162. — Dissertation sur l'indissolubilité absolue du lien conjugal, par Pilet. *Paris*, Leclerc, 1788.. 2 in-12.

163. — Principes sur la distinction du contrat et du sacrement de mariage, sur le pouvoir d'apposer des empêchements dirimants et sur le droit d'accorder des dispenses matrimoniales. *Paris*, Egron, 1616.............................. 1   in-8.

164. — Législation du divorce (par Philbert), *Londres*, 1770............................... 1 in-12.

165. — Traité du mariage et de sa législation, par Pilati de Tassulo. *La Haye*, Gosse, 1776.

— Législation du divorce, précédée du cri d'un honnête homme, etc. *Londres*, 1769.......... 2   in-8.

166. — Du divorce, par Hennet, 3ᵉ édition. *Paris*, Dupont, 1792............................ 1   in-8.

167. — Tractatio de repudiis et divortiis, à Theod. Besâ Veselio. *Daventriæ*, Joan. Colombius, 1651. 1 in-12.

168. — Premier et second Traictés de la dissolution du mariage pour l'impuissance et froideur de l'homme ou de la femme (par François Hotman). *Paris*, Millot, 1510.

169. — Le vieillard jaloux tombé en rêverie, etc. *Paris*, 1618.............................. 1   in-8.

170. — Polygamia triumphatrix, auctore Theop. Ale-
theo (Joanne Lysero) cum notis Ath. Vincentii.
Londini Scanorum, 1682................................ 1   in-4.

171. De la législation sur le mariage et sur le divorce,
par André Nougarède. *Paris*, Lenormant, 1802. 1   in-8.

172. — Histoire des lois sur le mariage et sur le divorce, par André Nougarède. *Paris*, Lenormant. 1803.................................... 2 in-12.

173. — Lois du mariage et du divorce, etc., par Nougarède, B°ⁿ de Fayet. *Paris*, Lenormant, 1816.. 2 in-12.

174. — Jurisprudence du mariage et du divorce, etc.,
par Nougarède, B°ⁿ de Fayet. *Paris*, Lenor-
mant, 1817. 1   in-8.

175. — Correspondance de deux ecclésiastiques catholiques sur la question : Est-il temps d'abroger
la loi du célibat des prêtres? (par Henri, prêtre
français , curé catholique à Jéna.) *Tubingue*,
Cotta, 1807................................... 1   in-4.

176. — Georgii Calixti de conjugio clericorum, lib.
Helmst. Kuehlin, 1783....................... 1   in-4.

177. — Alphonsi Pisani, Soc. Jes., de continentiâ et
abstinentiâ : vel de apostolico cœlibatu, jejunio
et ciborum delectu, doctrinâ catholicâ. *Coloniæ
Agrippinæ*, Her. Birckmanni, 1579........ 1 pet. in-8.

178. — Les inconvénients du célibat des prêtres prou-
vés par des recherches historiques (par l'abbé
Gaudin). *Genève*, Pellet, 1781.............. 1   in-8

179. — Mémoires sur les moyens de donner aux protestants un état civil en France, par Gilbert de
Voisins, 1787.

2.

— Mémoires sur le mariage des protestants, en
1785, et *Londres*, 1787...................... 1   in-8.

180. — Du célibat et du mariage des prêtres chez
tous les peuples, par l'abbé Cerati, d'Ajaccio.
Paris, Gœury, 1829...................... 1   in-8.

181. — Apologie du célibat chrétien (par l'abbé de
Villiers). *Paris*, Musier, 1761.............. 1 in-12.

182. — Recueil important sur la question de savoir
si un juif marié dans sa religion, peut se rema-
rier après son baptême, lorsque sa femme juive
refuse de le suivre et d'habiter avec lui. *Amsterdam*, Cellot, 1759...................... 2 in-12.

183. — Autre édition, dont le premier volume est
de 1741...................... 2 tomes en 1 in-12.

184. — Traité historique des excommunications, par
Ellies Dupin. *Paris*, Jacques Estienne, 1715.... 1 in-12.

185. — Renati Choppini de sacrâ Politiâ forensi libri III. *Parisiis*, Michael Sonnius, 1609....... 1 in-fol.

186. — Traité de la police ecclésiastique, traduit du
latin de M. René Choppin, par M. J. Tournet.
Paris, Dumesnil, 1662...................... 1 in-fol.

187. — La pratique de la jurisdiction ecclésiastique,
par Ducasse. *Toulouze*, Ant. Birousse, 1762.. 1   in-4.

188. — Commentaire sur l'édit du mois d'avril 1695,
concernant la jurisdiction ecclésiastique, par
Jousse. *Paris*, de Bure, 1764.............. 2 in-12.

189. — Taxe de la chancellerie romaine ou la
banque du pape (par Antoine Dupinet). *Rome*,
Pierre La Clef, 1744...................... 1 in-12.

190. — Numerus et tituli cardinalium, archiepisco-
porum christianorum.

— Taxæ et valor beneficiorum regni Galliæ,
cum taxis cancellariæ apostolicæ, etc. *Parisiis*,
Alliot, 1625............................. 1 in-12.

191. — Ecclesiasticæ jurisdictionis vindiciæ adversùs
Caroli Fevreti et aliorum tractatus de abusu sus-
ceptæ, ab Ant. Dadino Alteserrâ. *Parisiis*, Nic.
Devaux, 1703............................. 1 in-4.

192. — Traité de la jurisdiction ecclésiastique contentieuse, ou théorie et pratique des officialités
et autres cours ecclésiastiques, pour les procédures civiles. *Paris*, Guill. Desprez, 1769...... 2 in-4.

193. — Recueil de procédures civiles faites à l'offi-
cialité de Paris, etc., par Pierre de Combes.
Paris, Nicolas Legras, 1705............... 1 in-fol.

194. — Traité de la jurisdiction volontaire et contentieuse des officiaux et autres juges d'église (par
M. Jousse). *Paris*, de Bure, 1769........... 1 in-12.

195. —Les pouvoirs légitimes du premier et du second
ordre dans l'administration des sacrements en
France. 1744............................. 1 in-4.

196. — Défense des droits des évêques dans l'église
contre le livre intitulé : Des pouvoirs légitimes
du premier et du second ordre, par M. Corgne.
Paris, Desprès, 1762, 1763............... 2 in-4.

197. — Tentativa theologica em que se pretende
Mostrar que impedido o recurso a se apostolica se
devolve a os S. Bispos, auct. Ant. Pereira. *Lisboa*, Rodriguez, 1766..................... 1 in-4.

198. — Code matrimonial ou recueil complet de
toutes les loix canoniques et civiles de France
sur les questions de mariage, par M. Camus.
Paris, Hérissant, 1770................... 2 in-4.

199. — Prééminence de la loi religieuse sur la loi civile, ou essai philosophique sur leurs rapports
avec la naissance, le mariage et le décès, par
J. P. Ducros (de six). *Lyon*, Ruzand, 1824... 1   in-8.

200. — Tradition de l'histoire et de l'église sur le
sacrement de mariage. *Paris*, Mariette, 1725... 2   in-4.

201. — Traité pacifique du pouvoir de l'Église et
des princes sur les empêchements des mariages,
par M. Gerbais. *Paris*, Mazuel, 1690......... 1   in-4.

202. — Traité des empêchements du mariage, par
un docteur de Sorbonne (Boileau). *Cologne*, En-
gelbert, 1691.................................. 1   in-8.

203. — Véritable nature du mariage; droit exclusif
des princes d'y apposer des empêchements dirimants, par Maultrot. 1788. .... 2 in-12.

204. — Examen de deux questions importantes sur
le mariage, etc.; du pouvoir des souverains sur
les empêchements dirimants du mariage (par Le
Ridant). (Sans indication de lieu.) 1753....... 1   in-4.

205. — Code matrimonial, par M. Le Ridant. *Paris*,
Hérissant, 1766.........................

206. — Sylvæ nuptialis libri VI in quibus materia
matrimonii, etc., et monitoralium plenissimè
discutitur; Joanne Nevisano Aslensi auctore.
Lugduni, de Harsy, 1572................. 1   in-8.

DROIT ECCLÉSIASTIQUE DE FRANCE.

207. — Histoire du droit public ecclésiastique françois, avec des dissertations (par M. de Buvigny
ou du Boulay). *Londres, Paris*, 1740. 2 tomes en 1   in-4.

208. — Droit ecclésiastique français, par l'abbé
Bousquet. *Paris*, Didot l'aîné, 1789......... 2 in-4.

209. — Decretorum ecclesiæ gallicanæ ex conciliis
ejusdem , etc., libri VIII, Laurentii Bochelli
studio. *Paris*, Bart. Maceus, 1609.......... 1 in-fol.

210. — Capitularia regum Francorum, ed. Steph.
Baluzio. *Paris*, Franc. Muguet, 1677........ 2 in-fol.

211. — Capitularia regum Francorum, curante Petro de Chiniac. *Parisiis*, Franc. Aug. Guillau;
1780....... .... 2 in-fol.

212. — Histoire des Capitulaires des rois français
de la première et seconde race, ou Traduction
de la préface mise par Ét. Baluze à la tête de
son édition des Capitulaires, par de Chiniac.
Paris, Morin, 1779........................ 1 in-8.

213. — Caroli septimi, Francorum regis, Pragmatica
Sanctio, cum interpretatione Cosmæ Guymier.
Parisiis, Bocard, 1507................... 1 in-8.

214. — Concordata inter S. papam Leonem X et
christ. regem Franciscum I. *Parisiis*, Regnault,
1517................................. 1 in-8.

215. — Concordata inter S. papam Leonem X et
christ. regem Franciscum I. *Lutetiæ*, Augerelle,
1532................................. 1 in-16.

216. — Concordata inter S. S. Leonem X et chris-
tianissimum regem Franciscum I, cum interpre-
tationibus Pet. Rebuffi de Monte Pessulano.
Parisiis, Galeotus à Prato, 1555............ 1 in-8.

217. — Caroli septimi, Francorum regis, Pragmatica Sanctio, cum glossis Cosmæ Guymier. Accedit Historia pragmaticæ sanctionis et concor-

datorum, à Franc. Piussonio. *Parisiis*, Clousier,
1666.................................... 1 in-fol.

218. — Concordat entre Léon X et François Ier, roi
de France. *Paris*, Beaucé, 1817............ 1 in-12.

219. — Les quatre Concordats, etc., par M. de
Pradt. *Paris*, Béchet, 1818................ 3 in-8.

     — Suite des quatre Concordats, par le même.
Paris, Béchet, 1820. (Joint au troisième vol.)

220. — Le grand travail de M. l'abbé de Pradt, sur
les quatre concordats, corrigé et amendé par
M. l'abbé Enard. *Paris*, Leclerc, 1819....... 1 in-8.

221. — Mémoires historiques sur les affaires ecclésiastiques de France, pendant les premières années du dix-neuvième siècle. *Paris*, Leclerc,
1819..................................... 1 in-8.

222. — Discours sur les libertés de l'église gallicane,
par M. l'abbé Fleury. 1765................. 1 in-12. •

223. — Tractatus de libertatibus ecclesiæ gallicanæ,
auctore M. C. S. *Leodii*, Mathovius, 1684. ... 1 in-4.

224. — Tractatus de libertatibus ecclesiæ gallicanæ,
auctore Antonio Charlas. *Romæ*, 1720. .... 3 in-4.

225. — Preuves des libertés de l'église gallicane.
Paris, Cramoisy, 1651..................... 2 in-fol.

226. — Les libertés de l'église gallicane prouvées et
commentées suivant l'ordre de P. Pithou et sur
les recueils de Pierre Dupuis, par Durand de
Maillane. *Lyon*, Pierre Bruisset, 1771......... 5 in-4.

227. — Défense des libertés de l'église gallicane et
de l'assemblée du clergé de France tenue en
1682, etc.; ouvrage posthume de Louis Mathias

de Barral, précédé d'une Notice sur sa vie, etc.,
par l'abbé de Barral, son frère. *Paris*, Egron,
1817... 1 in-4.

228. — Traité des appellations comme d'abus, par
Edmond Richer. 1763........... 2 tomes en 1 in-12.

229. — 1. Des Abus en matière ecclésiastique, ou
des causes, de l'origine et de l'utilité des appels
comme d'abus, suivi d'un Dialogue de Guy Coquille en 1590, sur les causes des misères de la
France, par Boyard. *Paris*, Roret, 1829.—2. De
la Liberté religieuse en France, ou Essai sur la
législation relative à l'exercice de cette liberté,
par M. J. Nachet. *Paris*, Landois, 1830...... 1 in-8.

230. — Traité de l'abus et du vrai sujet des appellations qualifiées du nom d'abus, par Ch. Fevret.
Lausanne, 1778........................... 1 in-8.

231. — Commentaire de M. Dupuy sur le Traité des
libertés de l'église gallicane de Pierre Pithou.
Paris, Musier, 1715...................... 2 in-4.

232. — Traité des droits et libertés de l'église gallicane. 1731.............................. 2 in-fol.

233. — Les Loix ecclésiastiques de France dans leur
ordre naturel, et une Analyse des livres du droit
canonique, par M. Louis de Héricourt. *Paris*,
1771................................... 1 in-fol.

234. — De Concordiâ sacerdotii et imperii, seu de
libertatibus ecclesiæ gallicanæ dissertationum
libri IV, auctore Petro de Marca. *Parisiis*, sumpt.
vid. J. Camusat, 1641.................... 1 in-4.

235. — Petri de Marca, archiep. Paris., dissertationum de Concordiâ sacerdotii et imperii, seu de

libertatibus ecclesiæ gallicanæ libri VIII , studio
Steph. Baluzii. *Paris*, Muguet, 1663. . . . . 1 in-fol.

236. — Petri de Marca, archiep. Paris., dissertationum de Concordiâ sacerdotii et imperii, seu de
libertatibus ecclesiæ gallicanæ libri VIII, ed.
Steph. Baluzio. *Paris*, Muguet, 1669. . . . . 1 in-fol.

237. — Autre édition de 1663. . . . . 1 in-fol.

238. — Petrus de Marca de Concordiâ sacerdotii et
imperii. *Parisiis*, 1704. 1 in-fol.

239. — Traité de l'autorité du pape, dans lequel ses
droits sont établis et réduits à leurs justes bor-
nes, et les principes des libertés de l'église gallicane justifiés par L. de Burigny. *Vienne*,
Græffer, 1782. (Édition revue par Chiniac.). . . 5   in-8.

240. — De l'autorité des deux puissances (par l'abbé
Prey). *Liége*, Le Marié, 1781. 3   in-8.

241. — Exposition de la doctrine de l'église gallicane par rapport aux prétentions de la cour de
Rome, par Dumarsais. — Libertés de l'église
gallicane, par P. Pithou , avec un discours préliminaire. *Paris,* Duponcet, 1817. 1   in-4.

242. — Les vrais principes de l'église gallicane sur
le gouvernement ecclésiastique, la papauté, etc.,
suivis de Réflexions sur un écrit de M. Fiévée,
par l'abbé Frayssinous. *Paris*, Leclerc, 1818. . 1   in-8.

243. — Abrégé du célèbre ouvrage de M. Bossuet
intitulé : Défense de la déclaration de l'assemblée générale du clergé de France de 1682, etc.,
par l'abbé Coulon. *Paris,* Méquignon, 1814.

— Des libertés de l'église gallicane, ou la France
orthodoxe, etc., publié par D. Baillot. *Paris,*

Barrois, 1817. — Observations d'un ancien ca-. noniste sur la convention conclue à Rome le 11 juin 1817 (par Tabareau). *Paris,* Brajeux, 1817. 1 in-8.

244. — Sur la Déclaration de l'assemblée du clergé de France en 1682, par S. Em. Mgr le cardinal de la Luzerne. *Paris,* Potey, 1821............ 1 in-8.

245. — Libertés de l'église gallicane, suivies de la Déclaration de 1682 et autres pièces authentiques, avec une introduction et des notes, par Dupin (aîné). *Paris,* Baudouin, 1826......... 1 in-18.

MÉMOIRES DU CLERGÉ DE FRANCE.

246. — Mémoire sur la nature et l'autorité des assemblées du clergé de France (par Maultrot)... 1 in-12

247. — De l'Autorité du roi dans l'administration de l'église gallicane. MS............(Tome 1er)

248. — Cérémonial des assemblées du clergé de France. MS....................(Tome 2) 1 in-fol.

249. — Cérémonial des assemblées du clergé de France. MS....................(Tome 3) 1 in-fol.

250. — Revenus des bénéfices du diocèse de Paris. MS.......................(Tome 4) 1 in-fol.

251. — Procès-Verbaux des assemblées du clergé de 1505, 1506 et 1508. MS...........(Tome 5) 1 in-fol.

252. — Rolle des décimes du diocèse de Paris contenues dans les comptes de 1516, 1518, 1523, 1527, 1528, 1596 et 1606. MS......(Tome 6) 1 in-fol.

253. — Recueil de pièces concernant l'état ecclésiastique durant les États de 1560. MS...(Tome 7) 1 in-fol.

266. — Procès-Verbaux des assemblées du clergé en
1608, 1610, 1612, 1617. MS........(Tome 21) 1 in-fol.

267. — Procès-Verbal des délibérations de la chambre ecclésiastique des états-généraux tenus en
1614 et 1615, par Pierre de Behety. 1650. (T. 22) 1 in-fol.

268. — Procès-Verbal de la chambre ecclésiastique
des états-généraux tenus à Paris en 1615, par
Pierre de Behety................(Tome 23) 1 in-fol.

269. — Articles présentés par le clergé à la noblesse
assemblée aux États de 1615. MS.... (Tome 24) 1 in-fol.

270. — Procès-Verbaux des assemblées du clergé en
1615, 1617, 1619, 1621. MS........ (Tome 25) 1 in-fol.

271. — Avis de l'assemblée générale du clergé de
France. *Paris*, Estienne, 1625......(Tome 26) 1   in-4.

273. — Procès-verbal de l'assemblée générale du
clergé, tenue à Paris, en 1625. MS. (Tomes
27 et 28)............................. 2 in-fol.

274. — Rapport de l'agence, contenant les affaires
principales du clergé, depuis 1725 jusqu'en
1730. *Paris*, Pierre Simon, 1731. (Tome 29). 1 in-fol.

275. — Censure contre certains libelles séditieux,
publiés par l'évêque de Chartres, sous le nom
d'assemblée du clergé, avec les manifestes pour
et contre, en 1625 et 1626. MS.. (Tome 30). 1 in-fol.

276. — Procès-verbal de l'assemblée du clergé, en
1627 et 1628. MS..............(Tome 31). 1 in-fol.

277. — Journal de l'assemblée générale du clergé de
1635, par Et. Moreau. MS. (Tomes 32 et 33.) 2 in-fol.

278. — Procès-verbal de l'assemblée du clergé de
France, en 1635, par de Bertel et Moreau.
Paris, Ant. Vitray, 1635.........(Tome 34). 1 in-fol.

279. — Les Mémoires de M. de Montchal, archevêque de Toulouse, avec le journal de l'assemblée du clergé, en 1641. MS.............(Tome 35). 1 in-fol.

280. — Procès-verbal de l'assemblée du clergé, en 1641.

    — Deux écrits du père Caussin, jésuite, MS.
                         (Tome 36). 1 in-fol.

281. — Procès-verbal de l'assemblée générale du clergé, en 1645, par les sieurs D'Hugues et Talon. *Paris*, Ant. Vitré, 1645.........(Tome 37). 1 in-fol.

282. — Actes, Titres et Mémoires concernant les affaires du clergé, recueillis par ordre de l'assemblée tenue en 1645 et 1646. *Paris*, Ant. Vitré, 1646...................(Tomes 38 et 39). 2 in-fol.

283. Procès-verbal de l'assemblée générale du clergé, en 1650, par Tubeuf. *Paris*, Ant. Vitré, 1650.
                         (Tome 40). 1 in-fol.

284. — Histoire de l'assemblée générale du clergé, commencée à Paris, le 25 octobre 1655, close le 23 mai 1657............(Tomes 41 et 42). 2 in-fol.

284. — Procès-verbal de l'assemblée générale du clergé, en 1655 et 1656, par les abbés Devillars et de Charbon. *Paris*, Ant. Vitré, 1655
                        (Tome 43). 1 in-fol.

285. — Relations des délibérations du clergé, sur la constitution et le bref du pape Innocent X. *Paris*, Ant. Vitré, 1656.........(Tome 44). 1 in-fol.

286. — Procès-verbal de l'assemblée générale du clergé, en 1665 et 1666. *Paris*, Ant. Vitré, 1666.....................(Tome 45). 1 in-fol.

287. — Procès-verbal et instructions de 1651.

— Procès-verbal de 1567. MS.... (Tome 46.) 1 in-fol.

288. —Recueil des assemblées particulières du clergé, depuis 1616 jusqu'en 1678, et traité des matières mixtes. MS...............(Tomes 47 et 48). 2 in-fol.

289. — Rolle des décimes du diocèse de Paris, pour 1672 jusqu'en 1680. MS. Imprimé. (Tome 49). 1 in-fol.

290. — Procès-verbal de l'assemblée générale du clergé, en 1660 et 1661, par M. Thoreau, *Paris*, Ant. Vitré, 1660..........(Tome 50). 1 in-fol.

291. — Procès-verbal de l'assemblée générale du clergé, en 1670, par l'abbé de Leisseins. *Paris*, Ant. Vitré, 1671...............(Tome 51). 1 in-fol.

292. — Procès-verbal de l'assemblée générale du clergé, en 1675, par de la Hoguette et de Suze. *Paris*, Frédéric Léonard, 1678.... (Tome 52).

293. — Recueil ou abrégé des actes, titres et mémoires concernant les affaires de France, par Thomas Regnoult. *Paris*, Georges Josse. 1677.
(Tome 53). 1 in-4.

294. — Critique de l'assemblée du clergé, en 1682. MS.......................... (Tome 54) 1 in-fol.

295. — Rolle des dons gratuits accordés au Roy, depuis 1641 jusqu'en 1700, et les impositions du diocèse de Paris. MS...........(Tome 55.) 1 in-fol.

296. — Recueil des assemblées particulières de MM. les prélats, tenues depuis 1616 jusqu'en 1698. MS..................... (Tom. 56). 1 in-fol.

297. — Procès-verbal de l'assemblée générale du clergé, en 1681 et 1682, au sujet du concordat et de la régale, MS.............(Tome 57). 1 in-fol.

298. — Procès-verbal de l'assemblée générale du

clergé tenue, en 1681 et 1682, publié *inconsulto*
clero, en 1768. . . . . (Tome 58). 1 in-fol.

299. — Sentiments des gens du roi sur la régale.

— Table du procès-verbal de l'assemblée du
clergé de 1681 et 1682.

— Critique de l'assemblée du clergé de 1682.
MS. . . . . (Tome 59). 1 in-fol.

300. — Procès-verbal de l'assemblée générale du
clergé, en 1680 (l'abbé de Grignan). *Paris*,
Frédéric Léonard, 1684. . . . . (Tome 60). 1 in-fol.

301. — Procès-verbal de l'assemblée générale du
clergé, en 1690. *Paris*, François Muguet, 1693.
(Tome 61). 1 in-fol.

302. — Procès-verbal de l'assemblée générale du
clergé, en 1685. *Paris*, Frédéric Léonard. 1690.
(Tome 62). 1 in-fol.

303. — Rolles des dons gratuits de 1685 et 1690, du
diocèse de Paris. MS. et imprimé. (Tome 63).. 1 in-fol.

304. — Procès-verbal de l'assemblée générale du
clergé, en 1693 et 1695. *Paris*, Franç. Muguet,
1696. . . . . (Tome 64). 1 in-fol.

305. — Dons gratuits et rentes de 1694 et 1695.
MS. . . . . (Tome 65). 1 in-fol.

306. — Rolle des anciennes décimes du diocèse de
Paris. 1690, 1693 et 1695. . . . . (Tome 66). 1 in-fol.

307. — Subventions des années 1696 et 1697 et des
trois mois de 1698, précédées de quelques pièces
imprimées. (Tome 67). 1 in-fol.

308. — Procès-verbaux des assemblées particulières
du clergé , depuis 1616 jusqu'en 1699. MS.
(Tome 68). 1 in-fol.

309. — Rolle du séminaire de Saint-François de Sales, etc. Don gratuit accordé en 1700...... MS. et suivi de plusieurs pièces imprimées. (T. 69). 1 in-fol.

310. — Procès-verbal de l'assemblée générale du clergé, en 1701 et 1702. *Paris*, veuve Muguet, 1702....................(Tome 70). 1 in-fol.

311. — Procès-verbal de l'assemblée générale du clergé, en 1700. *Paris*, Muguet, 1703. (T. 71). 1 in-fol.

312. — Subvention des années 1701, 1702, 1703 et 1704, précédée d'un procès-verbal, arrêts du conseil, lettres, patentes, etc., imprimés. MS. (Tome 72)............................. 1 in-fol.

313. — Recueil de contracts, de délibérations, d'arrêts, etc., concernant le clergé, depuis 1641 jusqu'en 1705..................(Tome 73). 1 in-fol.

314. — Procès-verbal de l'assemblée générale· du clergé, tenue à Paris, en 1705. *Paris*, Muguet, 1706.....................(Tome 74). 1 in-fol.

315. — Rapport de MM. les anciens agens généraux du clergé de France, fait en l'assemblée générale de 1705, avec les pièces justificatives. *Paris*, Muguet, 1710.................(Tome 75). 1 in-fol.

316. — Rapport et pièces justificatives du procès-verbal de l'an 1710. *Paris*, veuve Muguet, 1716. (Tome 76)............................. 1 in-fol.

317. — Rapport des agens du clergé, contenant les affaires du clergé, depuis 1710 jusqu'en 1715, par l'abbé Du Cambout. *Paris*, Pierre Simon, 1715....................(Tome 77). 1 in-fol.

318. — Procès-verbal de l'assemblée générale du clergé, en 1710 et 1711. *Paris*, Muguet, 1711. (Tome 78)............................. 1 in-fol.

319. — Procès-verbal de l'assemblée des cardinaux, archevêques et évêques, en 1713 et 1714. *Paris,* veuve Muguet, 1714............(Tome 79). 1 in-fol.

320. — Procès-verbal de l'assemblée du clergé, en 1719, et Procès-verbaux des assemblées particulières du clergé de France, depuis et compris 1720 jusqu'en 1725. MS........(Tome 80). 1 in-fol.

321. — Rapport de l'agence, contenant les principales affaires du clergé, depuis 1720 jusqu'en 1726. *Paris*, Pierre Simon, 1726.. (Tome 81). 1 in-fol.

322. — Procès-verbal de l'assemblée générale du clergé, en 1733. *Paris*, Pierre Simon, 1724. (Tome 82)............................... 1 in-fol.

323. — Procès-verbal de l'assemblée générale du clergé, 1725. *Paris*, P. Simon, 1726.. (T. 83). 1 in-fol.

324. — Procès-verbal de l'assemblée générale du clergé de France, tenue à Paris, en 1726. *Paris,* Pierre Simon, 1727.............(Tome 84). 1 in-fol.

325. — Compte de M. Ogier, discuté par M. de Molan, en 1725................(Tome 85). 1 in-fol.

326. — Procès-verbal de l'assemblée générale du clergé, en 1730. *Paris*, Pierre Simon, 1730. (Tome 86)............................. 1 in-fol.

327. Rapport des agens, contenant les principales affaires du clergé, depuis 1730 jusqu'en 1735...... *Paris*, Pierre Simon, 1736........(Tome 87). 1 in-fol.

328. — Procès-verbal de l'assemblée générale du clergé, en 1715. *Paris*, Pierre Simon, 1723. (Tome 88)............................. 1 in-fol.

329. — Procès-verbal de l'assemblée générale du clergé, en 1734. *Paris*, Pierre Simon, 1734. (Tome 89)............................. 1 in-fol

330. — Procès-verbal de l'assemblée générale du clergé, en 1735. *Paris*, Pier. Guil. Simon, 1736. (Tome 90).............................. 1 in-fol.

331. — Rapport des anciens agens, contenant les principales affaires du clergé, depuis 1735 jusqu'en 1740. *Paris*, Pierre Guill. Simon, 1741, (Tome 91).............................. 1 in-fol.

332. — Rapport de MM. les anciens agens, contenant les principales affaires du clergé, depuis 1740 jusqu'en 1745. *Paris*, Pierre Guill. Simon, 1745......................(Tome 92). 1 in-fol.

333. — Procès-verbal de l'assemblée générale du clergé, en 1740. *Paris*, Pierre Simon, 1741. (Tome 93.)........................... 1 in-fol.

334. — Procès-verbal de l'assemblée générale du clergé, en 1742. *Paris*, P. Guil. Simon, 1742. (Tome 94).............................. 1 in-fol.

335. — Procès-verbal de l'assemblée générale du clergé de France, en 1745. *Paris*, Pierre Guil. Simon, 1745..................(Tome 95). 1 in-fol.

336. — Procès-verbal de l'assemblée générale du clergé, en 1747. *Paris*, 1747........(Tome 96). 1 in-fol.

337. — Rapport de l'agence, contenant les principales affaires du clergé, depuis 1745 jusqu'en 1750. *Paris*, Guill. Desprez 1750..(Tome 97). 1 in-fol.

338. — Rapport de l'Agence, contenant les principales affaires du clergé, depuis 1755 jusqu'en 1760. *Paris*, Guill. Desprez.......(Tome 98). 1 in-fol.

339. — Procès-verbal de l'Assemblée générale du clergé de France, en 1750. *Paris*, Guill. Desprez, 1761..................(Tome 99). 1 in-fol.

340. — Procès-verbal de l'Assemblée du clergé, en 1755. *Paris*, Guill. Desprez, 1764... (T. 100.) 1 in-fol.

341. — Rapport de l'Agence contenant les principales affaires du clergé, depuis 1750 jusqu'en 1755. *Paris*, Guill. Desprez, 1765... (T. 101). 1 in-fol.

342. — Procès-verbal de l'assemblée générale du clergé, en 1758. *Paris*, Guill. Desprez, 1765. (Tome 102)........................... 1 in-fol.

343. — Procès-verbal de l'assemblée générale du clergé, en 1760. *Paris*, Guill. Desprez, 1766. (Tome 103)........................... 1 in-fol.

344. — Procès-verbal de l'assemblée extraordinaire du clergé, en 1762. *Paris*, Guill. Desprez, 1768. (Tome 104)........................... 1 in-fol.

345. — Rapport de l'Agence contenant les principales affaires du clergé, depuis 1760 jusqu'en 1765. *Paris*, Guill. Desprez, 1773. (Tome 105). 1 in-fol.

346. — Procès-verbal de l'Assemblée générale du clergé; en 1765 et 1766. *Paris*, Guill. Desprez, 1773....................... (Tome 106). 1 in-fol.

347. — Rapport de l'Agence, contenant les affaires principales du clergé, depuis 1765 jusqu'en 1770. *Paris*, Guill. Desprez, 1774. (Tome 107). 1 in-fol.

348. — Procès-verbal de l'Assemblée générale du clergé, en 1772. *Paris*, Guill. Desprez, 1775. (Tome 108)........................... 1 in-fol.

349. — Procès-verbal de l'Assemblée générale du clergé, en 1770. *Paris*, Guill. Desprez, 1776. (Tome 109)........................... 1 in-fol.

350. — Procès-verbal de l'Assemblée générale du clergé, en 1775. *Paris*, Guill. Desprez, 1777. (Tome 110)........................... 1 in-fol.

351. — Rapport de l'Agence, contenant les principales affaires du clergé depuis 1770 jusqu'en
1775. *Paris*, Guill. Desprez, 1780. (Tom. 111). 1 in-fol.

352. — Procès-verbal de l'Assemblée générale du
Clergé en 1780. *Paris*, Guillaume Desprez,
1782........................ (Tom. 112). 1 in-fol.

353. — Rapport de l'Agence, contenant les principales affaires du clergé depuis 1775 jusqu'en
1780. *Paris*, Guill. Desprez, 1785..(Tom. 113). 1 in-fol.

354. — Précis des rapports de l'Agence depuis 1660
jusqu'en 1780. *Paris*, Guillaume Desprez, 1781.
(Tom. 114)............................ 1 in-fol.

355. — Procès-Verbal de l'Assemblée générale du
Clergé de France tenue en 1782. *Paris*, Desprez,
1783........................(Tom. 115). 1 in-fol.

356. — Rapport de l'Agence, contenant les principales affaires du clergé depuis 1780 jusqu'en
1785. *Paris*, François-Ambroise Didot, 1788.
(Tom. 116) .... 1 in-fol.

357. — Recueil des actes, titres et mémoires du
Clergé de France. *Paris*, Simon, 1740. (T. 117) 1 in-fol.

358. — Recueil des actes, titres et mémoires concernant les affaires du Clergé de France. *Paris*,
François Muguet, 1716 et suiv. (Tom. 118, 119,
120, 121, 122, 123, 124, 125, 126, 127, 128,
129) ....12 in-fol.

359. — Abrégé du recueil des actes, titres et mémoires du Clergé de France. *Paris*, Desprez,
1764........................(Tom. 130). 1 in-fol.

360. — Mémoires pour le Clergé de France dans
l'affaire des fois, hommages et réponses de l'in-

specteur du Domaine. *Paris*, Guill. Desprez,
1785........................(Tome 131). 1 in-fol.

361. — Procès-Verbal de l'Assemblée générale du
Clergé en 1785 et 1786. *Paris*, Guill. Desprez,
1789. (Tom. 132). Deux parties en........... 1 in-fol.

362. — Collection des procès-verbaux des assemblées du Clergé de France depuis 1560, rédigés
par ordre de matières, et réduits à ce qu'ils ont
d'essentiel par Duranthon. *Paris*, Guillaume
Desprez, 1769. (Tom. 133, 134, 135, 136, 137,
138, 139, 140, 141 et 142.) 9 tom. en.......10 in-fol.

363. — Table des Matières des procès-verbaux du
clergé de France, tant manuscrits, qu'imprimés
par Le Maire. Manuscrits. (Tom. 143, 144 et
145).............................. 3 in-fol.

364. — Recueil des actes, titres et mémoires du
clergé de France. *Paris*, Desprez, 1768....... 14 in-4.

DROIT ECCLÉSIASTIQUE DES PROTESTANTS
ET ÉTRANGERS.

365. — Justi Henningii Boehmeri jus ecclesiasticum
Protestantium usum hodiernum juris canonici
juxtà seriem decretalium ostendens. *Halæ Magdeburgicæ*, 1756, 1760.................. 6 in-4.

366. — Jo. Ge. Pertschii Observationes juris canonici et ecclesiastici Protestantium. *Norimbergæ*,
Felsecker, 1760.......................... 1 in-8.

367. — Jo. Ge. Pertschii Elementa juris canonici et
Protestantium ecclesiastici. *Francof*, 1731..... 1 in-8.

368. — Tractatus de Politiâ ecclesiæ anglicanæ.
Londini, Roycroft, 1683.................. 1 in-8.

369. — Leges Anglo-Saxonicæ, ecclesiasticæ et civiles, edente David. Wilkio. *Londini*, Guill.
Bowyer, 1721 .... 1 in-fol.

370. — Cyfreithjeu Hywel dda ac eraill, seu leges
Wallicæ ecclesiasticæ et civiles hoeli boni et aliorum Walliæ principum à Gulielmo Wottono ad-
juvante Mose Gulielmio. *Londini*, Guliel. Bowyer,
1730 .... 1 in-fol.

371. — Antiquæ Constitutiones regni Angliæ circà
jurisdictionem et potestatem ecclesiasticam à
Gul. Prynne. *Londini*, 1672 .... 1 in-fol.

372. — Provinciale seu Constitutiones Angliæ, continens constitutiones provinciales XIV archi-
episcorum cantuariensium Viz à Steph. Langton
ad Henricum Chicleium, auctore Gulielmo
Lyndwood, episcopo Menevensi. Cui adjiciun-
tur constitutiones legatinæ D. Othonis, D. Otho
boni cardinalium. *Oxoniæ* excudebat H. Hall,
1672 .... 1 in-fol.

DROIT ECCLÉSIASTIQUE DES RÉGULIERS.

373. — Règle de Saint-Benoist. *Paris*, Muguet, 1689. 2 in-4.

374. — Commentaire littéral, historique et moral
sur la règle de Saint-Benoist, par le R. P. D.
Aug. Calmet. *Paris*, Emery. 1734 .... 2 in-4.

375. — Dissertation sur l'hémine de vin et sur la
livre de pain de Saint-Benoist et des autres anciens religieux (par D. Cl. Lancelot). *Paris*, Sa-
vreux, 1667 .... 1 in-12.

376. — A. R. P. Ludov. Engel Tractatus de privilegiis et juribus monasteriorum ex jure communi
deductus. *Salisburgi*, Mayr, 1759 .... 1 in-4

377. — Codex regularum quas SS. Patres monachis
et Virginibus sanctimonialibus servandas pre-
scripsére, collectus à sancto benedicto Ana-
niensi Abbate. Lucas Holstenius edidit *Parisiis*,
Ludov. Guérin, 1684...................... 1   in-4.

378. — Astrum inextinctum sive jus agendi antiquo-
rum relligiosorum ordinum pro recipiendis suis
monasteriis, demonstratum à R. P. F. Romano
Haÿe, 1636.............................. 1   in-4.

379. — Statuta et consuetudines sacri ordinis clu-
niacensis, seu Regula sancti Benedicti, cum con-
stitutionibus pro regulari seu strictâ obser-
vantiâ................................... 1   in-12.

380. — Chapitres généraux et autres actes concernant l'ordre de Clugny depuis 1259 — 1761.... 25 in-4.

381. — Nomasticon cisterciense seu antiquiores ordinis cisterciensis constitutiones à Juliano Paris.
Paris, Gervasius Alliot, 1664.............. 1 in-fol.

382. — Statuta ordinis Cartusiensis, a D. Guigone,
edita Basileæ, 1510....................... 1 in-fol.

383. — Cérémonial des frères laïques de l'ordre des
chartreux................................ 1 in-12.

384. — Traité des études monastiques, par D. Jean
Mabillon. *Paris*, Ch. Robustel, 1691......... 1 in-4.

385. — Traité des Etudes monastiques, par D. Jean
Mabillon. *Bruxelles*, Henry Frick, 1692...... 1 in-12.

386. — Réponse au Traité des Etudes monastiques,
par M. l'abbé de la Trappe. *Paris*, François
Muguet, 1692............................. 1 in-4.

387. — Réflexions sur la réponse de M. l'abbé de la
Trappe au Traité des Etudes monastiques, par
D. Jean Mabillon. *Paris*, Ch. Robustel, 1692... 1   in-4.

388. — Recherches historiques sur l'esprit primitif, et sur les anciens colléges de l'ordre de Saint-Benoît. (Par Cajot.) *Paris*, Guillot, 1787 .... 1 in-8.

389. — Projet d'une loi réglémentaire sur les cultes, les institutions monastiques et les congréga-tions, etc., par de Miollis. *Paris*, Dentu, 1814. 1 in-8.

390. — Déclaration de l'Institut de la Compagnie de Jésus. — Plaidoyé et autres pièces pour les Jésuites. *Paris*, Crappelet, 1615............. 1 in-8.

391. — Réglemens généraux pour l'abbaye de la Trappe, par Dom Armand-Jean Bouthillier de Rancé. *Paris*, Muguet, 1701............... 2 in-12.

392. — Réglemens de l'Abbaye de Notre-Dame de la Trappe, en forme de constitutions, etc. *Paris*, Delaulne, 1718.................... 1 in-12.

393. — Renati Choppini Monasticon, seu de Jure cœnobitarum libri II. *Parisiis*, Laurent Sounius, 1610.................................... 1 in-fol.

394. — Vetus disciplina Monastica, seu Collectio auctorum ordinis Sancti Benedicti maximam partem ineditorum qui ante 600 ferè annos per Italiam, Galliam, Germaniamque de monasticâ disciplinâ tractarunt. *Paris*, Carol. Osmont, 1726.................................... 1 in-4.

DROIT CIVIL. TRAITÉS GÉNÉRAUX SUR LES LOIS.

395. — Essay sur les principes du Droit et de la Mo-rale; fait par D'Aube, maître des requêtes, pen-dant les années 1735 et 1736 (manuscrit)...... 1 in-fol.

396. — Essai sur les principes du Droit et de la Mo-rale, par Daube. *Paris*; Bernard Brunet, 1743.. 1 in-4

397. — Traité analytique des matières principales
du Droit et de la Morale, précédé d'une lettre
au Roi sur la situation politique de la France,
par G. Y. Grouard. *Paris*, Testu, 1815. (T. 1er).
— du Législateur, du Magistrat et du Citoyen,
d'après la charte constitutionnelle, par G. Y.
Grouard. *Paris*, Testu, 1815............... 1   in-8.

398. — Le Droit politique d'après la raison et les
mœurs des peuples les plus célèbres, examiné
par Henri Gottfried Scheidemantel. *Jena*,
Ve Crockern, 1770 (en allemand).......... 1   in-8.

399. — Principes du Droit politique, publiés (par
Dreux ou Radier.) *Amsterdam*, Châtelain, 1751. 2   in-8.

400. — Le Droit public de l'Europe fondé sur les
traités, par M. l'abbé de Mably. *Paris*, Bailly,
1776............................... 3 in-12.

401. — Résultat des Guerres, des Négociations, etc.,
pour servir de supplément au Droit public de
l'Europe, de Mably, par Arnould. *Paris*, Baudouin, 1803............................ 1   in-8.

402. — Samuelis Pufendorf Elementorum Jurisprudentiæ universalis libri II, appendice de spherâ
morali. *Jenæ*, sumptibus Joannis Meyeri, 1669. 1   in-8.

403. — Leçons de Droit public, par M. Junker.
Paris, Couturier, 1786.................. 1   in-8

404. — Traité des Lois de Cicéron, traduit par Mo-
rabin. *Paris*, Morin, 1777............... 1 in-12.

405. — Principes de Législation universelle (par
Georges-Louis Schmid d'Avenstein). *Amster-
dam*, M. M^{el} Rey, 1776................. 2   in-8.

406. — Histoire de la Législation, par M. le marquis

de Pastoret. *Paris*, imprimerie royale, 1817,
1827.................................... 9 in-8.

407. — Essai sur la justice universelle ou les sources
du Droit, par François Bacon, latin-français,
traduit par Gillet (de Seine-et-Oise). *Paris*,
F. Didot, 1806........................... 1 in-8.

408. — Eléments de la science du Droit, à l'usage
de toutes les nations, etc., par P. Lepage. *Paris*,
Hubert, 1819............................. 2 in-8.

409. — Science du Publiciste, ou Traité des prin-
cipes élémentaires du Droit, etc., par M. Alb.
Fritot. *Paris*, Fuegeray et Bossange, 1819-1823. 11 in-8.
— Un 2ᵉ exemplaire incomplet. — Esprit du
Droit, etc., par le même. *Paris*, Pochard, 1824. 1 in-8.

410. — OEuvres de Montesquieu, édition dirigée
par Collin de Plancy. *Paris*, Duprat-Duverger,
1823.................................... 1 in-8.

411. — OEuvres de M. de Montesquieu, etc., *Londres*, Nourse, 1767. M. R.................. 3 in-4.

412. — OEuvres de M. de Montesquieu. *Paris*, Plas-
san, 1796................................ 5 in-4.

413. — De l'Esprit des Loix. *Genève*, Barillot et fils,
1748.................................... 2 in-4.

414. — L'Esprit des Maximes politiques pour servir
de suite à l'Esprit des Lois, par Pecquet. *Paris*,
Prault, 1757............................. 1 in-4.

415. — Le Génie de Montesquieu (par De Leyre).
Amsterdam, Merkus, 1758................. 1 in-12.

416. — Commentaire sur l'Esprit des Lois de Montesquieu, par le comte Destutt de Tracy, suivi
d'observations inédites de Condorcet sur le 29ᵉ
livre, etc. *Paris*, Desoër, 1819.............. 1 in-8.

417. — Réflexions sur quelques parties d'un livre
intitulé: *De l'Esprit des Lois* (par Claude Dupin).
Paris, Serpentin, 1749.................... 2   in-8.

> On ne connaît que deux exemplaires de cet ouvrage :
> l'un à la bibliothèque de l'Arsenal et celui-ci.

418. — Observations sur un livre intitulé : *De l'Esprit des Lois* (en ce qui concerne le commerce
et les finances, par Claude Dupin, fermier-gé-
néral). *Paris*, Guérin et Delatour, 1757-1758,
avec une lettre de la main de l'auteur, rel. en
cuir de Russie........................... 3   in-8.

> Il n'existe qu'environ douze exemplaires de cette
> critique. Selon J.-J. Rousseau, le P. Berthier, jésuite,
> aida Dupin; le P. Plesse, autre jésuite, mit aussi la main
> à ce travail. On dit que madame Dupin avait composé
> la Préface; qu'elle avait même d'autres prétentions.

419. — Philosophie du Droit, par E. Lerminier.
Paris, Cosson, 1831..................... 2   in-8.

420. — Théorie des Lois civiles, ou Principes fon-
damentaux de la société (par Linguet). *Londres*,
1767. .... 2 in-12.

421. — Lettres sur la Théorie des lois civiles (par
Linguet). *Amsterdam*, 1770.............. 1 in-12.

422. — De la Réforme des Loix civiles, par M. d'Olivier, D. ès. D. *Paris*, Mérigot, 1786......... 1   in-8.

423. — De la Rédaction des lois dans les monarchies
(par D'olivier d'Avignon). *Paris*, Delaporte,
1789. .... 1 in-8°.

424 — 1. L'Art de faire des lois, par le chevalier de
Sade. *Paris*, Pinard, 1820.

2. — De la Réforme des lois concernant la

contrainte par corps en matière de commerce.
Paris, Dentu, 1820...................... 1   in-8.

425. —Traité de l'interprétation des lois, par A. Mail-
her de Chassat, avocat à la cour royale de Paris. *Paris,* Nève, 1822................... 1   in-8.

426. — Préliminaires du droit, ou Introduction à
un Traité de législation générale, par J. Rey.
Paris, Poulet, 1829. — Traité des principes
généraux du droit et de la législation, par le
même. *Paris,* Gobelet, 1828. — Des Institutions judiciaires de l'Angleterre comparées à
celles de la France, etc., par le même. *Paris,*
Béchet, 1828...................4 tomes en 3   in-8.

427. — L'Esprit de la législation, traduit de l'allemand. *Paris,* Vente, 1768................ 1 in-12.

428. — 1. Le Génie de la législation, par François
Chatel. *Paris,* Delaunay, 1818.—2. Dissertation
sur les raisons d'établir ou d'abroger les lois
(par Frédéric II, roi de Prusse). — 3. Examen
de l'usure suivant les principes du droit naturel,
par Formey. *Utrecht,* Sorli, 1751........... 1 in-12.

429. — La Science de la législation, par Gaetano
Filangieri, traduit de l'italien (par Gallois). *Paris,* Cuchet, 1786 et 1788............ 5   in-8.

430. — La Scienza della legislazione, del citadino
Gaetano Filangieri. *In Genová,* Gravier, 1798.. 8   in-8.

431. Lettres sur la législation, ou l'Ordre légal, dé-
pravé, rétabli et perpétué, par L. D. H. (l'ami
des hommes) (Mirabeau père). *Berne,* 1775... 3 in-12.

432. — Discours sur la législation, par M. de Hertz-
berg. *Berlin,* Decker, 1781............... 1   in-8.

433. — Cinque libri di Giambattista Vico de princi·

pii d'una scienza nuova d'intorno alla commune
natura delle nazioni. *In Napoli,* 1730, Mosca. 1 in-12.

434. — Essai sur l'histoire de l'action publique et
du ministère public, par J. A. Delpon. *Paris,*
Désauges; 1830........................ 2   in-8.

435. — Plan d'un Cours de législation, présentant
les éléments de la morale universelle et conve-
nable sous toute espèce de gouvernement, par
le citoyen Moriet........................ 1   in-8.

DROIT DE LA NATURE ET DES GENS.

436. — Institutions du droit de la nature et des
gens, par le citoyen Gérard de Rayneval. *Paris,*
Le Blanc, an XI (1803)................... 1   in-8.

437. — Essai sur l'histoire du droit naturel (par
Hubner). *Londres,* 1757 et 1758............ 1   in-8.

438. — Christiani Thomasii institutionum jurisprudentiæ divinæ libri III in quibus fundamenta
juris naturalis explicantur. *Halæ Magdeburgicæ,*
Chr. Salfeldius, 1730.................... 1   in-4.

439. — Justi Henningii Boehmeri Introductio in
jus publicum universale ex principiis juris naturæ deductum, etc. *Francofurti,* 1758....... 1   in-8.

440. — Les Droits de Dieu, de la nature et des
gens, tirés d'un livre de M. Abbadie intitulé :
Défense de la nation britannique. *Amsterdam,*
1775............................... 1 in-12.

441. — Corpus juris gentium academicum, à Johan.
Jac. Schmauss. *Leipsig,* Gleditsch, 1730...... 3   in-8.

443. — Joannis Seldeni de jure naturali et gentium

juxtà disciplinam Hebræorum libri septem. *Argentorati*, sumpt. Joh. Andr. Endteri, 1665...   1   in-4.

443. — Samuelis Pufendorfii de jure naturæ et gentium libri octo. *Londini Scanorum*, Adam Junghans, 1672......................   1   in-4.

444. — Samuelis Pufendorfii de jure naturæ et gentium libri octo. *Amstelod.*, Joan. Wollers. 1698.   1   in-4.

445. — Samuelis Pufendorfii Specimen controversarium circà jus naturale ipsi nuper motarum. *Upsaliæ*, Van der Mylen, 1768............   1   in-8.

446. — Le droit de la nature et des gens, par de Pufendorf, traduit par Jean Barbeyrac. *Londres*, J. Nours, 1740......................   3   in-4.

447. — Nicolai Hieronymi Gundlingii jus naturæ ac gentium. *Halæ Magdeburgicæ*, Renger, 1728...   1   in-8.

448. — De Legibus naturæ disquisitio philosophica in quâ elementa philosophiæ hobbianæ refutantur, auctore Ricardo Cumberland. *Londini*, E. Flesher, 1672......................   1   in-4.

449. — Traité philosophique des lois naturelles, par Richard Cumberland, traduit par Barbeyrac. *Amsterdam*, Pierre Mortier, 1744..........   1   in-4.

450. — Jus naturæ, ubi obligationes et jura et totius philosophiæ moralis omnisque juris reliqui fundamenta jaciuntur, autore Christiano Wolfio. *Francofurti* et *Lipsiæ*, 1741...........   8   in-4.

451. — Jus gentium, in quo jus gentium naturale ab eo quod voluntarii, pactitii et consuetudinarii est, accuratè distinguitur, auctore Christiano Wolfio. *Halæ Magdeburgicæ*, Renger, 1749...   1   in-4.

452. — Joach. Georgii Darjes Observationes juris naturalis socialis et gentium. *Jenæ*, 1751.....   1   in-4

453. — Joach. Georg. Daries Institutiones jurisprudentiæ universalis in quibus omnia juris naturæ
socialis et gentium capita explanantur. *Franco-*
furti, 1754............................... 1   in-8.

454. — Phil. Reinh. Vitriarii Institutiones juris naturæ et gentium, conscriptæ à Joanne Jac. Vi-
triaro; accedit Joann. Franc. Buddei historia
juris naturalis. *Lugd.*, Bat. Luchtmans, 1734.. 1   in-8.

455. — Jo. Laur. Flescherus, Institutiones juris
naturæ et gentium, etc. *Lipsiæ*, Heinsius, 1741. 1   in-8.

456. — Systema elementare universæ jurisprudentiæ naturalis, auctore Daniele Nettelbladt. *Halæ*
Magdeburgicæ, Renger, 1749............... 1   in-8.

457. — Principes du droit naturel, trad. de l'allemand de M. J. C. Claproth. *A Lausanne*, Heu-
bach, 1771................................ 1   in-8.

458. — Mich. Henr. Gribneri Principia jurisprudentiæ naturalis, etc. *Vitembergæ et Servestæ*,
Zimmermannus, 1774..................... 1   in-8.

459. — Nova juris naturalis Historia, auctore Christ.
Gebauvero, ed. Ericus Christ. Klevesakl. *Wetz-*
lariæ, Winckler, 1774................... 1   in-8.

460. — Les Fondements de la jurisprudence naturelle, par M. Pestel. *A Utrecht*, Schoonhoven,
1775..................................... 1   in-8.

461. — Jus naturæ in usum auditorum, auctore
Gottfr. Achenwall, cum præfatione Joann. Henr.
Christ. de Selchow. *Goettingæ*, Bossigelius,
1781..................................... 1   in-8.

462. — Le Droit des gens, ou Principes de la loi
naturelle, par de Vattel. *Amsterdam*, Van Har-
revelt, 1775.....................2 tomes en 1   in-4.

463. — Le Droit des gens, ou Principes de la loi
naturelle, par de Vattel. *Londres*, 1758...... 2   in-4.

464. — Le Droit des gens, ou Principes de la loi
naturelle, par de Vattel. *Londres*, 1758...... 3 in-12.

465. — Frid. Aug. Guil. Wenckii Codex juris gentium. *Lipsiæ*, Weidmann, 1781, 1785........ 3 in-8.

466. — Principes du droit de la nature et des gens,
extraits de l'ouvrage de Wolff par M. Formey.
Amsterdam, M. Michel Rey, 1758. — Un 2^e
exemplaire. .... 3 in-12.

467. — Questions du droit naturel et Observations
sur le Traité du droit de la nature de Wolf, par
M. de Vattel. *Berne*, 1762....... .... 1 in-12.

468. — Les Éléments du droit de la nature et de la
morale naturelle, par le baron de C*** (l'abbé
de Colbert). *Basle*, 1770................. 1   in-4.

469. — Leçons de droit de la nature et des gens, par
M. de Félice. *Lyon*, Bruyset, 1769.......... 2   in-8.

470. — The Origin of the distinction of ranks, by
John Millar. *London*, J. Murray, 1781....... 1 in-8.

471. — Observations sur la distinction des rangs
dans la société, par J. Millar. *Amsterdam*, Ar-
kstée et Merkus, 1773. .... 1 in-12.

472. — Questions de droit naturel, public et politique. 1789............................ 1 in-8.

473. — Maximes du droit naturel sur le bonheur,
par Meyniel. *Paris*, Prault, 1791........... 1   in-8.

474. — Code du bonheur, par Rodolphe Louis d'Er-
lach. *Genève*, 1788..................... 6 in-8.

475. — Principes du droit de la nature et des gens,

par J. J. Burlamaqui, le tout augmenté par M. de
Félice. *Yverdon*, 1766 , 1768. . . . . :. . . . 8   in-8.

476. — Droit des gens européen, traduit de l'allemand de Schmalz, par le comte Léopold de
Bohm. *Paris*, Maze, 1823.   1   in-8.

477. — Bibliothèque politique contenant un précis
du droit des gens, de la paix et des ambassadeurs, par le vicomte de La Maillardière. *Paris*,
Quillau, 1775. . . . . . : . . . . 3 in-12.

NÉGOCIATIONS. TRAITÉS DE PAIX.

478. — Frederici de Marselaer Legatus, libri duo.
Antuerpiæ, ex officinâ Plantinianâ, 1626.   1   in-4.

479. — Legatus, opus Car. Paschalii. *Paris*, P. Che-
valier, 1612.   1   in-4.

48o. — L'Ambassadeur et ses fonctions, par M. de
Wicquefort. *Cologne*, Pierre Marteau, 1715. . . 3   in-4.
— Le troisième volume est de Walsinghan.

481. — Mémoires touchant les ambassadeurs et les
ministres publics, par L. M. P. *Cologne*, du
Marteau, 1677. . . . . 1 in-12.

482. — Le parfait ambassadeur; composé en espagnol par don Antonio de Vera et de Cunniga,
traduit en français. *Leide*, Haak , 1709. 2   in-8.

483. — Mémoires et instructions pour servir dans
les négociations et affaires concernant les droits
du Roy de France (par Denis Godefroy, fils de
Théodore). *Paris*, Sébast. Cramoisy, 1665. . . . .   1 in-fol.

484. — Corps universel diplomatique du droit des
gens, contenant un Recueil des Traités d'al-

liance, de paix, de trève, etc., par J. Dumont. *Amsterdam*, P. Brunel; *La Haye*, Husson, 1726-1731..... .... 8 in-fol.

485. — Supplément au Corps universel diplomatique du droit des gens, etc., par Dumont. *Amsterdam*, Janssons à Waesberge; *La Haye*, de Hondt. 1739.. 5 in-fol.

486. — Code diplomatique ; par Portiez de l'Oise. *Paris*, Goujon, 1802...................... 4 in-8.

487. — Tableau analytique de la diplomatie française depuis la minorité de Louis XIII jusqu'à la paix d'Amiens, par Ferdinand Bayard. *Paris*, Prault, an XIII. .... 1 in-8.

488. — Recueil des traités de paix, de trève, de neutralité, de confédération, d'alliance et de commerce, faits par les rois de France depuis trois siècles, par Frédéric Léonard. *Paris*, 1693. 6 in-4.

489. — Histoire des traités de paix et autres négociations du XVIIe siècle, depuis la paix de Vervins jusqu'à la paix de Nimègue (par de Saint-Prest). *Amsterdam*, Bernard; *La Haye*, Vaillant, 1725. 2 in-fol.

490. — Histoire des anciens traités, ou Recueil historique et chronologique des traités répandus dans les auteurs grecs et latins et autres monuments de l'antiquité..... jusqu'à l'empereur Charlemagne, par M. Barbeyrac. *Amsterdam*, Janssons à Waesberge. 1739............... 2 in-fol

491. — Recueil des principaux traités d'alliance, de paix, de trève, de commerce, etc., conclus par les puissances de l'Europe, depuis 1761, jusqu'à présent, par M. de Martens. *Gottingue*, Dieterich, 1791-1802...................... 2 in-8.

392. — Précis du droit des gens moderne de l'Europe, fondé sur les traités, pour servir d'introduction à un Cours diplomatique, par G. F. de Martens. *Gottingue*, Dieterich, 1801......... 1   in-8.

493. — Cours diplomatique, ou Tableau des relations extérieures des puissances de l'Europe, par Geo. Fréd. de Martens. *Paris*, Levrault, 1801......... 3   in-8.

494. — Annales pratiques et diplomatiques, ou manuel du publiciste et de l'homme d'état, contenant les chartes, traités, proclamations, etc., par Isambert. *Paris*, Désirat, 1823.............. 4   in-8.

495. — Guide diplomatique, etc., précédé de considérations sur l'étude de la diplomatie, par le baron Charles de Martens. *Paris*, Barbier, 1832. 2   in-8.

496. — Essai sur la diplomatie, manuscrit d'un philhellène, publié par Toulouzan. *Paris*, Feissat, 1830................................... 1   in-8.

497. — Abrégé de l'histoire des traités de paix entre les puissances de l'Europe, depuis la paix de Westphalie, par M. Koch. *Paris*, Onfroi, 1796– 1797. 4 tomes en 2   in-8.

498. — Table des traités de paix entre la France et les puissances étrangères, etc., par le même auteur. *Basle*, Decker, 1802................. 2   in-8.

499. — Recueil de traités de paix, d'amitié, d'alliance, de neutralité, etc., conclus entre la république française et les différentes puissances de l'Europe. *Gottingue*, Dieterich, 1796-1803..... 4   in-8.

500. — Recueil général des traités de paix, d'alliance et de commerce, etc., conclus par la république

française avec les différentes puissances conti-
nentales, pendant la guerre de la révolution.
Paris, Tavernier, an VII.................... 1 in-12.

501. — Histoire des guerres et négociations qui pré-
cédèrent le traité de Westphalie, par le père
Bougeant, *Paris*, Jean Mariette, 1727....... 3 in-4.

502. — Ad. Adami relatio historica de pacificatione
Osnabrugo monasteriensi, edidit Goth de Miern.
Lipsiæ, Turpius, 1737.................... 1 in-4.

503. — Négociations secrètes touchant la paix de
Munster et d'Osnabrug (par J. Le Clerc). *La
Haye*, J. Néaulme, 1724, 1726............ 4 in-fol.

504. — Pacificatores orbis christiani, sive icones
principum, ducum et legatorum, qui monasterii
atque Osnabrugæ pacem Europæ reconciliârunt,
ab Ant. Van Hulle. *Rotterodami*, Petr. Vander
Slaart, 1697........................ 1 in-fol.

505. — Historia pacis Germano-Gallo-Suecicæ, etc.
Irenopoli, 1681........................ 1 in-12.

506. — Samuelis Puffendorfii dissertatio de fœderi-
bus inter Sueciam et Galliam. *Hagæ*, Johnson,
1708............................... 1 in-8.

507. — Meditationes ad instrumentum pacis Cæsa-
reo-Suecicum, à Justo Henningio Bohemer. 1706
et seq............................. 2 in-4.

508. — Histoire du congrès de la paix d'Utrecht,
comme aussi de celle de Bastadt et de Bade (par
Casimir Freschot). *Utrecht*, Vaan-Poolsum, 1716. 1 in-12.

509. — Traité de paix entre le roi, l'empereur et
l'empire, conclu à Vienne le 18 novembre 1738.
Paris, Imp. Royale, 1739.................... 1 in-4

510. — Traité de paix entre le roi de la Grande-Bre-
tage et des états-généraux des provinces-unies
des Pays-Bas, conclu à Aix-la-Chapelle, le 18
octobre 1748. *Paris*, Imp. Royale, 1750...... 1   in-4.

511. — Mémoire historique sur la négociation de la
France et de l'Angleterre, depuis le 26 mars
1761, etc., *Paris*, 1761................... 1   in-8.

512. — Traité de paix entre le Roi, le roi d'Espagne
et le roi de la Grande-Bretagne, conclu à Paris
le 10 février 1763.................... 1   in-4.

513. — Traité d'amitié et de garantie de la part de la
Russie, entre Catherine II et Stanislas-Auguste,
roi, et la république de Pologne, signé à War-
sovie, le 24 février 1768. *Paris*, Merlin, 1769. 1   in-4.

514. — Traité préliminaire de paix et de limites,
dans l'Amérique méridionale, entre l'Espagne et
le Portugal, signé à Madrid, le 1ᵉʳ octobre 1777,
(en portugais). *Lisboa*, reg. typ., 1777..... 1   in-4.

515. — Traité d'alliance défensive, entre le Portugal
et l'Espagne, signé à Madrid, le 11 mars 1778,
Lisbonne 1778 (en portugais)........... 1   in-4.

516. — Traité de paix entre le Roi et le roi de la
Grande-Bretagne, conclu à Versailles, le 3 septembre 1783. *Paris*, Imp. Roy., 1783....... 1   in-4.

517. — Lettres du cardinal Dossat, avec des notes
historiques d'Ancelot La Houssaye. *Paris*, Bou-
dez, 1698.......................... 2   in-4.

518. — Les ambassades et négociations du cardinal
Du Perron, par César de Ligny, *Paris*, Estienne,
1623.......................... 1   in-fol.

19. — Lettres et négociations de MM. le maréchal

d'Estrades, Colbert, marquis de Croissy et
comte d'Avaux, etc. *La Haye*, Moetjens, 1710. 3 in-12.

520. — Lettres de Henri IV, roi de France, et de
MM. Villeroi et Puisieux à Ant. Lefebvre de La
Boderie, ambassadeur de France en Angleterre.
Amsterdam, 1733........................ 1   in-8.

521. — Réflexions politiques générales et particulières, par M. Raoux. *Amsterdam*, 1780...... 1   in-8.

522. — Négociations diplomatiques et politiques du
président Jeannin. *Paris*, Petit, 1791........ 3   in-8.

523. — Lettres et ambassades de Philippe Canaye,
seigneur de Fresne. *Paris*, Étienne Richer, 1635. 2 in-fol.

524. — Les négociations de M. le président Jeannin.
Paris, Le Petit, 1656........................ 1 in-fol.

525. — Ambassade extraordinaire de MM. les ducs
d'Angoulême, comte de Béthune et de Preaux
Châteauneuf. *Paris*, Thomas Jolly, 1667..... 1 in fol.

526. — Ambassade du mareschal Bassompierre en
Espagne, l'an 1621. *Cologne*, Dumarteau, 1668. 2 in-12.

527. — Mémoires de MM. de Belièvre et de Sillery,
contenant un journal concernant la négociation
de la paix traitée à Vervins, l'an 1598.. *Paris*,
de Sercy, 1676........................ 1er in-12.

528. — Mémoires de l'abbé Montgon, publiés par
lui-même. *Lausanne*, Bousquet, 1752........ 8 in-12.

529. — Ambassades de MM. de Noailles en Angleterre, rédigées par l'abbé de Vertot. *Paris*, Dessaint, 1763........................ 5 in-12.

530. — Traité de paix entre les couronnes de France
et d'Espagne, etc., en 1659. *Paris*, 1660...... 1 in-16.

531. — Lettres, mémoires et négociations particulières du chevalier Déon, ministre plénipotentiaire de France auprès du roi de la Grande-Bretagne, etc. *La Haye, Francfort*, Vandures, 1764... 1 in-4.

532. — L'Ami de la paix (par Rivière.) *Amsterdam*, 1761.. 1 in-12.

533. — Motifs des guerres et des traités de paix de la France, pendant les règnes de Louis XIV, Louis XV et Louis XVI, depuis la paix de Westphalie, en 1648, jusqu'à celle de Versailles, en 1783, par le citoyen Anquetil. *Paris*, Lesguilliez, an VI.. 1 in-8.

534. — Observations sur le Mémoire justificatif de la cour de Londres. *Paris*, Imp. Roy., 1780... 1 in-4.

535. — Fœdera, conventiones, litteræ et cujuscumque generis acta publica inter reges Angliæ et alios quosvis imperatores reges, etc., ab ineunte sæculo duodecimo ad nostra usque tempora, accurantibus Th. Rimer et Nob. Sanderson, etc. *Hagæ-Comitis, London*, J. Neaulme 1745... 10 in-fol.

536. — An historical view of the negotiations betwen the courts of England France and Brussels from the iear 1592, etc., by the Birch. *London*, Millar, 1749.. 1 in-8.

537. — A complete collection of all the marine treaties subsisting betwen Great Britain and France, Spain, Portugal, Austria, Russia, etc. *London*, Steel, 1779.. 1 in-8.

538. — Transactions in India from the commencement of the freench war in seventeen hundred and fifty - six to the conclusion of the late

peace in seventeen hundred and eighty-three,
containing a history of the British interets in
Indostan, etc. *London*, de Brett, 1786....... 1 in-8.

539. — Traité de commerce et de navigation entre
la France et la Grande-Bretagne, ratifié en 1786,
Paris, Bailleul, 1814...................... 2 in-8.

540. —L'ambassade de dom Garcias de Sylva Figue-
roa, en Perse, traduite de l'espagnol par M. de
Wicquefort. *Paris*, Billaine, 1667........... 1 in-4.

541. — Mémoire concernant le système de paix et
de guerre que les puissances européennes prati-
quent à l'égard des régences barbaresques, traduit de l'italien par le chevalier d'Hénin. *Venise*,
Formaleoni, 1787...................... 1 in-8.

542. — Pacte de l'Europe basé sur les rapports et
intérêts des nations, ou moyens d'établir la
balance politique et la paix générale, par P. Gal-
let. *Paris*, Maret, an VI................. 1 in-8.

543. — Projet de paix perpétuelle, essai philosophique, par Emmanuel Kant, traduit de l'allemand.
Paris, Jansen, an IV (1796)............. 1 in-4.

544. — Traité d'amitié, de commerce et de navigation entre S. M. Britannique et les États-Unis
d'Amérique, etc., suivi d'un projet fraternel,
par Eustace, an IV.

— Moyens de rouvrir de nouvelles négociations
pour procurer la paix à la France et même à
l'Europe, avec l'abrégé du nouveau droit public,
par le citoyen Savoisy. *Paris*, Surosne, an VIII. 1 in-8.

545. — Pièces officielles relatives aux préliminaires
de Londres et au traité d'Amiens. *Paris*, Imp.
Roy., an XI........................... 1 in-4.

546. — Observations sur la déclaration présentée à la diète de Ratisbonne, au sujet de la paix conclue le 5 avril 1795, entre S M. Prussienne et la République française, traduit de l'allemand, 1795........................ ....1 in-8.

547. — Conférences secrètes entre les ex-ministres, M. Pitt, lords Grenville, etc., M. Addington, etc., au sujet de la rupture du traité d'Amiens et de la guerre actuelle. *Paris*, Ponthieu, 1804.

— Discours sur les avantages de la paix continentale, par Marie Joseph Mevolhon. *Aix*, Mouret, an VI.

— Pacification de l'Europe, fondée sur le principe des indemnités et de l'équilibre continental et maritime, par le citoyen Flassan. *Paris*, Desenne, an VIII........................... i in-8.

548. — Histoire générale et raisonnée de la diplomatie française, depuis la fondation de la monarchie jusqu'à la fin du règne de Louis XVI, par de Flassan. *Paris*, Giguet, 1809............ 6 in-8.

549. — Apologie de l'histoire de la diplomatie française, par l'auteur de l'Histoire de la diplomatie (M. de Flassan). *Paris*, Debray, 1812........ 1 in-8.

550. — Histoire du congrès de Vienne, par l'auteur de l'Histoire de la diplomatie française (M. de Flassan). *Paris*, Treuttel et Würtz, 1829..... 3 in-8.

551. — Histoire de l'ambassade dans le grand-duché de Varsovie, en 1812, par M. de Pradt. *Paris*, Pillet, 1815............................ 1   in-8.

552. — Du Congrès de Vienne, par M. de Pradt, *Paris*, Deterville, 1815.................... 2 in-8.

553. — L'Europe après le congrès d'Aix-la-Chapelle, faisant suite au congrès de Vienne, par M. de Pradt, ancien évêque de Malines. *Paris*, Béchet, 1819.

— Congrès de Carlsbad, par M. de Pradt. *Paris*, Béchet, 1819-1820. 2 parties.............. 1   in-8.

554. — Recueil des pièces officielles destinées à détromper les Français sur les événemens qui se sont passés depuis quelques années, par Frédéric Schoell. *Paris*, 1814..................... 9   in-8.

555. — Congrès de Vienne. Recueil de pièces officielles relatives à cette assemblée, par Frédéric Schoell. *Paris*, Gratiot, 1816.............. 6   in-8.

556. — Traité de paix entre le Roi et les puissances alliées, conclu à Paris le 30 mai 1814. *Paris*, Imp. Roy., 1814.

—— Actes du congrès de Vienne, publiés d'après un des originaux déposé aux archives des Affaires-Étrangères. *Paris*, Imp. Roy., 1816.

—— Traité et conventions entre le Roi et les puissances alliées, conclus à Paris le 20 novembre 1815, avec le discours de M. de Richelieu à la Chambre des députés. *Paris*, Imp. Roy., 1815. 1   in-4.

557. — Du Congrès de Troppau, ou Examen des prétentions des monarchies absolues à l'égard de la monarchie constitutionnelle de Naples, par M. Bignon. *Paris*, F. Didot, 1821.......... 1   in-8.

558. — Archives diplomatiques pour l'histoire du temps et des états. *Stuttgart* et *Tubinge*, 1821-1826...................... 6   in-8.

DROIT DE LA PAIX ET DE LA GUERRE.

DROIT MARITIME.

affairs maritime and of commerce, by Charles
Molloy. *London*, Bellinger, 1688............. 1   in-8.

568. — De Jure maritimo et navali, or Treatise of
affairs maritime and of commerce, by Charles
Molloy. *London*, Whielon, 1778............. 2   in-8.

569. — Sistema universale dei principi del Diritto
maritimo dell'Europa, del signor senatore Domenico Alberto Azuni. *Trieste*, 1796, 1797,
Wage...........................·............. 2   in-8.

570. — Système universel de principes du Droit maritime de l'Europe, par Dominique-Albert Azuni,
traduit de l'italien par J. M. Digeon, *Paris*, Digeon, an VI 2   in-8.

571. — Della Giurisprudenza maritima commerciale
antica e moderna trattato dell' avvocato Luigi
Piantanida. *Milano*, G. Destepanis, 1806...... 1er   in-4

572. — Consulado del mar de Barcelona, trad. par
D. Cayetano de Palleja. *Barcelona*, J. Piferrer,
1732... 1   in-fol.

573. — Llibre de Consolat dels fets maritims. *En
Barcelona*, 1645........................... 1   in-fol.

574. — Ordenanzas para el prior, y consules de la
universidad de los mercaderes de la ciudad de
Sevilla. *En Cadiz*, Espinosa, 1759........... 1   in-fol.

575. — Zee rechten, etc. (Livres des Lois maritimes
en hollandais). *Amsterdam*, Stolk, 1740...... 1   in-4.

576. — Recueil de lois, ordonnances, etc., sur l'ami-
rauté de la marine (en hollandais). *Gravenhage*,
Scheltus, 1730 et suiv..................... 14   in-4.

577. — Système politique et maritime des Européens
pendant le XVIIIᵉ siècle, par le citoyen Arnould.
Paris, Bailleul, an V (1797) 1   in-8.

578. — Discours sur le Droit maritime ancien, moderne, françois, étranger, civil et militaire, et sur la manière de l'étudier; et autres pièces relatives au droit maritime, par M. Groult. *Paris*, Imprimerie Royale, 1786 1   in-8:

579. — Scriptorum de Jure nautico et maritimo fasciculus, Jo. Franc. Stypmanni Jus maritimum et nauticum; Reinoldi Kuricki de Absecurationibus diatriben, et Jo. Locsenii Jus maritimum complexus; præfationum præmisit Joan. Gottliel Heineccius. *Halæ-Magdeburgicæ*, 1740. (Un 2ᵉ exemplaire.) 1   in-4.

580. — Le navigateur bien instruit, etc. (en allemand). Von Joharm Andreas Engelbrecht. *Lubect*, Donatius, 1792 1   in-8.

581. — La Liberté des mers, ou le Gouvernement anglais dévoilé par Bertrand Barrère, an VI 3   in-8.

582. — A Dissertation on the freedom of navigation, and maritime commerce, etc., by William Barton. *Philadelphia*, 1802 1   in-8.

583. — La Mer libre, la mer fermée, par J. F. Champagne. *Paris*, Moutardier, 1803 1   in-8.

584. — Droit maritime de l'Europe, par M. D. A. Azuni. *Paris*, l'Auteur, 1805 2   in-8.

585. — De Historiâ legum maritimarum medii ævi celeberrimarum, etc. Scripsit Elardus Meyer. *Gottingæ*, Rosenbusch, 1824 1   in-4.

586. — Ordonnances et Réglemens concernant la marine. *Paris*, Imprimerie Royale, 1765 1   in-4.

587. — Us et Coutumes de la mer en trois parties, 1° de la navigation; 2° du commerce naval et

contracts maritimes ; 3° de la jurisdiction de la marine. *Bordeaux*, Guill. Toupinard, 1661..... 1 in-4.

588. — Ordonnance de Louis XIV touchant la marine des costes de la province de Bretagne. *Vennes*, Moricet, 1685.................... 1 in-4.

589. — Nouveau Commentaire sur l'ordonnance de la marine, du mois d'août 1681, par René-Josué Valin. *La Rochelle*, Jérôme Legier, 1760...... 2 in-4.

590. — Table chronologique et analytique des lois concernant la marine et les colonies depuis 1789, par M. de Saint. *Paris*, Imprimerie Nationale, an VIII........................ 1 in-8.

591. — Répertoire de l'Administrateur de la marine, ou Table, par ordre de dates et de matières, des principales lois relatives à la marine, etc., par M. Bajot. *Paris*, F. Didot, 1814.......... 1 in-8.

592. — Annales maritimes et coloniales, ou Recueil de lois, etc., sur la marine, par Bajot, depuis janvier 1816. *Paris*, Imprimerie Royale, 1816. 15 in-8.

593. — Dissertation, par M. de Pastoret, sur cette question : *Quelle a été l'influence des lois maritimes des Rhodiens sur la marine des Grecs et des Romains ?* etc. *Paris*, Jombert, 1784...... 1 in-8.

594. — Nouveau Code des prises, ou Recueil des Édits sur les courses et l'administration des prises depuis 1400 jusqu'en 1789, par Lebeau. *Paris*, an VII........................ 4 in-8.

595. — Traité des prises, ou Principes de la jurisprudence française concernant les prises qui se font en mer. *La Rochelle*, Legier, 1763. 2 T. en 1 in-8.

596. — Francisci Rocci de navibus et naulo, item

assecurationibus notabilia. Accedunt ejusdem selecta responsa. *Amstel.* Halma, 1708. 1   in-8.

597. — Dissertatio juridica inauguralis, de contractibus assecurationis et Bodemeriæ, Theses Edvard. Constans van Baerle. *Lugd.-Bat.* Leeuwen, 1823. 1   in-8.

598. — Code des prises, ou Recueil des édits sur les courses et l'administration des prises depuis 1400 jusqu'à présent. *Paris*, Imprimerie Royale, 1784. 2   in-4.

599. — Le Praticien des juges et consuls, ou Traité de Commerce de terre et de mer. *Paris*, Prault, 1742. 1   in-4.

600. — Traité des Assurances et des Contrats à la grosse, par Baltaz-Marie Emerigon. *Marseille*, Jean Mossy, 1783. 2   in-4.

601. — Recueil de lois, ordonnances, etc., en ce qui concerne le service des agens comptables de la marine et des colonies. *Paris*, Imprimerie Impériale, 1809. 1   in-4.

602. —— Autre, 1786. 1   in-4.

603. — Recueil de Lois, Ordonnances, etc., concernant l'arrondissement maritime de Hollande. *Amsterdam*, Selm, 1811. . . . . 1 in-fol.

604. — Collection de Lois maritimes antérieures au XVIIIᵉ siècle, par J. M. Pardessus. *Paris*, Imprimerie Royale, 1828 et suiv., pap. vél. 2   in-4.

605. — Mémoires sur divers objets relatifs au service de la marine, par le citoyen Arnaud. *Paris*, Desenne, an VII. 1   in-8.

606. — Recueil de lois, arrêtés et instructions con-

cernant l'inscription maritime. *Paris*, an VIII,
IX et XII, 3 part...................... 1 in-18.

607. — Recueil des Lois de la marine. *Paris*, an V.
(manque le 7ᵉ volume).................. 17 in-8.

608. — Lois relatives à l'organisation de la marine,
(an IV), br............................ 1 in-8.

609. — État des arrondissemens, quartiers, syndi-
cats et communes de l'inscription maritime, etc.
Paris, an IX......................... 1 in-8.

610. — Histoire des progrès de la puissance navale
de l'Angleterre, par le baron de Sainte-Croix.
Paris, Debure, 1786................... 2 in-12.

611. — War in disguise or the frauds of the neutral
flags. *London*, *New-York*, Yopkins et Seymour,
1806.................................. 1 in-8.

612. — Essai sur l'admission des navires neutres
dans nos colonies. *Paris*, 1756.......... 1 in-8.

613. — De la Saisie des bâtiments neutres, ou du
Droit qu'ont les nations belligérantes d'arrêter
les navires des peuples amis, par Hübner. *La
Haye*, 1759. 2 tom. en un vol............ 1 in-12.

614. — Considérations sur les droits réciproques des
puissances belligérantes et des puissances neutres
sur mer, etc., par Jo. Nic. Tetens. *Copenhague*,
Brummer, 1805....................... 1 in-8.

615. — Code des prises et du commerce de terre et
de mer, etc., par F. N. Dufriche-Foulaines. *Paris*,
Valade, 1804.......................... 2 in-4.

616. — Précis sur la question de savoir s'il doit y
avoir des tribunaux spéciaux pour le commerce

de mer en France, par M. Peuchet. *Paris*,
Jeunehomme, 1806 1   in-8.

617. — Loix et Ordonnances des diverses puissances
européennes concernant le commerce, la navigation et les assurances depuis le milieu du 17ᵉ
siècle, accompagnées d'observations, par Geo.
Fréd. de Martens. *Gottingue*, Röwer, 1802.... 1   in-8.

DROIT DES GRECS ET DES ROMAINS.

618. — Leges Atticæ à Samuele Petito collectæ.
Paris, Morellus, 1635 .... 1 in-fol.

619. — Juris Græco-Romani tam canonici quam civilis tomi duo, Jo. Leunclavii studio nunc Mar-
quardi freheri cum ejusdem auctario. *Francofurti*, Petrus Frischerus, 1591 .... 1 in-fol.

620. — Domitii Ulpiani fragmenta libri regularum,
et incerti auctoris collatio legum Mosaïcarum et
Romanarum, cum notis Joan. Cannegieter. *Traj.
ad Rhenum*, Kroon. 1768 1   in-4.

621. — Miscellæ defensiones pro Cl. Salmasio de
variis observationibus et emendationibus ad jus
Atticum et Romanum pertinentibus. *Lugd. Bat.*,
Maire, 1645 1   in-8.

622. — Jurisprudentia Romana et Attica (cum præfatione Joan. Gotthebii Heineccii et omnibus Franc.
Dalbuldini opusculis.) *Lugduni Batav.*, Verbeck,
1738 .... 3 in-fol.

623. — Exposition des règles du Droit ancien, par
Pierre - Louis Goulliart. *Paris*, Perronneau,
an VII 1   in-8.

N° d'ordre.   Vol. Format.

624. — An Historical and Chronological View of ro-
man Law, by Alex Schomberg. *Oxford*, Prince
1785 1   in-8.

625. — De la Constitution des Romains sous les rois
et aux temps de la république, par Ath. Auger.
Imprimerie du Cercle social, 1792 4   in-8

626. — Histoire de la Jurisprudence romaine, par
M. Ant. Terrasson. *Paris*, C. N. Poirion,
1750 1   in-fol.

627. — La République romaine, ou Plan général
de l'ancien gouvernement de Rome, par M. de
Beaufort. *La Haye*, Nicolas van Daalen, 1766. . 2   in-4.

628. — Essai sur l'Histoire générale des tribunaux
des peuples tant anciens que modernes; par
M. Desessarts. *Paris*, Durant, 1778-1782 7   in-8.

629. — Essai sur l'histoire des comices de Rome,
des états-généraux de France, et du parlement
d'Angleterre (par Gudin). *Philadelphie*, 1789. . 3   in-8.

630. — Discours sur le Droit romain, par Lambert. 1   in-4.

631. — Reinh. Bachovius Echtii notæ et animadversiones ad disputationes Hieron. Treuttleri Ic^{ti}.
Heidelbergæ, J. Laucellot, 1618. (Très-rare.). . 3   in-4.

632. — Ant. Schultingii Dissertationes de recusatione judicis, de transactione super controversiis,
quæ ex ultimis voluntatibus proficiscuntur, etc.
accedit M. T. Ciceronis Oratio de jurispruden-
tiâ. *Franequeræ*, Halma, 1708 1   in-4.

633. — Joan. Stranchii Dissertationes ad jus justi-
nianum privatum, cum annot. Christ. Thomasii.
Accessit L. A. Hambergeri de vitâ Strauchii

5.

narratio, curante Eph. Gerhardo. *Jenæ*, Hartung, 1718. (Très-rare.).................... 1   in-4.

634. — Jo. Lud. Benderi Commentarius in constitu-
tionem imperii de revisione actorum et sententiarum. *Francof.* 1599.................... 1   in-8.

635. — Valentini Forsteri de Historiâ juris civilis
romani. *Aurelianæ Allobrogum*, Arnoldus,
1609.................................... 1   in-8.

636. — Nicolaï de Passeribus tractatus de scripturâ
privatâ, *Spiræ*, H. Hemback, 1613.......... 1   in-8.

637. — Caroli Christoph. Hofacker Institutiones juris
romani. *Gottingæ*, Vendenhoek, 1773........ 1   in-8.

638. — Christ. Henr. Eckhardi hermeneutica juris recens. Car. Frid. Walchius. *Lipsiæ*, Hær. Weidmann et Reich. (Très-rare), 1779.......... 1   in-8.

639. —— Un 2ᵉ exemplaire.................... 1   in-8.

640. — Brummeri opuscula juridico-historico-philo-
logica, præfatus est Georgius Beyer. *Lipsiæ*,
Braun., 1712. (Très-rare), 1779.......... 1   in-8.

641. — Josephi Averanii interpretationum juris libri V. *Lugduni*, Bruyset, 1751.............. 1   in-4.

642. — Ant. Schultingii commentationes accademicæ
(sive juridicæ). *Halæ Magdeb.*, Hemmerde,
1770, 1774....................4 tomes en 3   in-8.

643. — Christ. Thomassii dissertationes accademicæ.
Halæ Magdeb., 1773-1780................ 4   in-4.

644. — Précis historique et chronologique sur le droit
romain, traduit de l'anglais de Schomberg, par
Boulard, *Paris*, Cellot, 1808............. 1 in-12.

645. — Ant. Schultingii dissertationes de recusatione

judicis, de transactione super controversiis,
quæ ex ultimis voluntatibus proficiscuntur, etc.
Accedit M. T. Ciceronis oratio de jurisprudentiâ. *Franequeræ*, Halma, 1708............. 1 in-4.

646. — Jurisprudentia vetus ante justinianea ex recensione ante Schultingii, cum præfatione Georg.
Henr. Airer. *Lipsiæ*, Weidmann, 1737....... 1 in-4.

647. — Juris civilis ante justinianei reliquiæ inedi-
tæ, etc., curante Angelo Maio. *Romæ*, Burliæus,
1823. Grand papier........ .... 1 in-4.

648. — J. Vincentii Gravinæ de ortu et progressu
juris civilis. *Neapoli*, ex offic. Bulifonianâ, 1701. 1 in-8.

649. — Ejusdem opera, vel origines juris civilis re
cens. Gottfr. Mascovius. *Lipsiæ*, Gleditsch, 1737. 1 in-4.

650. — Laurentii Andreæ Hambergeri dissertationes
juris et observationes ad J. V. Gravinæ origines
juris civilis cum præfatione J. G. Estoris de jurisprudentiâ Horatii. *Francof.*, Knochiivid. 1745.. 1 in-8.

651. — Cornelii Van Bynkershoek opera omnia.
Lugd. Batav., 1767..................... 1 in-fol.

652. — De fictionibus juris tractatus quinque. — So-
lemnis prælectio. *Parisiis*, Lamy, 1649. —Tractatus VI et VII eodem auctore Antonio Dadino
Alteserrâ. *Paris*, Billaine, 1679.......... . 1 in-4.

653.—Ægidii Menagii juris civilis amænitate. *Lutetiæ
Paris.*, Martinus, 1677................ 1 in-8.

654. — De agrorum conditionibus limitum, Sic. Flacci
Jul. Frontini et aliorum libri. *Parisiis*, Turnel,
1554. 1 in-4.

655. — Jo. Stamm Tractatus de judiciis. *Francofurti*,
Fleischer, 1745. — De usuris, fructibus annuis,
rediditus, etc., auctore G. F. de Ploennies,

Francofurti, Garbe, 1752. — Meditationes de
curâ bonorum absentis, auctore Christian. Frid.
Imman Schorch, *Lipsiæ*, Vid. Jo. Melchior,
1761.. 1   in-4.

656. — Henr. Brouwer de jure connubiorum. *Del-*
phis, Beman, 1614....................... 1   in-4.

657. — Jo. Gerhardi tractatus de conjugio, edidit Jo.
Frid. Cotta. *Tubingæ*, J. G. Cotta, 1776....... 1   in-4.

658. — Jo. Finestres et de Monsalvo prælectiones
cervarienses, sive commentarii de liberis et pos-
tumis. — De inofficioso testamento ac de vul-
gari et pupillari substitutione. — De jure dotium
lib. V. — Commentarius in hermogeniani juris
epitomarum libros VI. *Cervariæ*, 1752-1757.... 4   in-4.

659. — Justi Henningii Böhmeri doctrina de actionibus. *Francof. ad Mœn.* Buchner, 1756...... 1   in-8.

660. — Sam. Strykii tractatus de actionibus foren-
sibus ; emendavit Christian. Gottlieb Hommel.
Wittebergæ, Zimmermann, 1769. — Franc. Val
de Cæsor tractatus de actionibus et interdictis
quotquot in jure occurrunt. *Wetzlariæ*, Winckler, 1762.................................... 1   in-4.

661. — Selecti tractatus juridici de actibus extrahen-
dis, etc., diversorum auctorum anonymi, Be-
soldi Gundlingi et alior. *Wetzlariæ*, Winckler,
1730.. 1   in-4.

662. — Georg. Schultzen tractatus de oblatione et
depositione pecuniæ seu rei debitæ, etc., *Bremæ*,
Foerster, 1775............................. 1   in-8.

663. — Jac. Gourrei de rescindendà vinditione commentarii. *Parisiis*, Le Mangnier, 1562........ 1   in-4.

664. — Didaci à Britto commentaria ad titulum de
locato et conducto. *Ulyssipone*, Alvar, 1744.
2 tomes en........................1 pet. in-fol.

665. — Jo. Christiani Frid. Meister, commentatio
philosophica de verâ notione, usu atque efficaciâ
jurisjurandi. — Accedit dissertatio Jo. Christoph.
Schwab. *Lugd. Bat.* Luchtmans, 1811........ 1 in-4.

666. — Jo. Ortwini Westenbergii, divus Marcus, seu
dissertationes ad constitutiones M. A. Antonini
imperatoris. *Lugd. Batav.*, J. Vander Aa, 1736. 1 in-4.

667. — Jo. Car. Antonelli tractatus de loco legali.
Venetiis, Pezzana, 1744. — Ejusdem de tem-
pore legali 1753.............. 2 tomes en 1 in-4.

668. — Gregorii Majansii ad jurisconsultorum fragmenta commentarii. *Genevæ*, de Tournes, 1764. 2 in-4.

669. — Gregorii Majansii disputationes juris in quibus multa juris civilis explicantur. *Lugd. Batav.*,
van der Eyk, 1752....................... 1 in-4.

670. — Jo. Aur. de januario feriæ autumnales post
reditum à republicâ jurisconsultorum. *Neapoli*,
Steph. Abbas, 1752...................... 1 in-4.

671 et 672.—N° 1. Specimen juridicum inaugurale de
æstimatione à Joan. Klinkhamer. *Traj. ad Rhenum*, Abrah van Paddenburg, 1776.—N° 2. A. Jacobi Cuperi observationes selectæ de naturâ pos-
sessionis. *Lugd. Batav.*, Luchtmans, 1789. (Très-
rare). — N° 3. Henrici Sautyn Kluit quæstiones
juridici argumenti. *Lugd. Bat.*, vidua Cyfveer,
1818. — N° 4. Isaac Gerard Biben, de legali pu-
pillorum, et eorum quibus bonis interdictum
est, hypotheca. *Lugd. Bat.*, vidua Cyfveer. —

N° 5. Petri Jacobi van der Does de Bye, historia judicii jurati. *Lugd. Bat.*, Cyfveer, 1821...   1   in-4.

673. — Georgii d'Arnaud variæ conjecturæ de jure civili; accedunt dissertationes diræ de jure servorum. *Leovardiæ*, Coulon, 1744...........   1   in-4.

674. — Ulrici Huberi de jure civitatis libri III cum commentariis Nic. Christoph. de Lyncker, curâ Joan. Christiani Fischeri. *Francof.* et *Lipsiæ*, 1752.................................   1   in-4.

675. — David Georg. Struben commentatio de jure villicorum, etc. *Hannoveræ*, Schmidt, 1758..   1   in-4.

676. — Geor. Ludov. Boehmeri electa juris civilis. *Goettingæ*, Bossiegel, 1767..................   2   in-4.

677. — Gul. Fornerii in Tit. de verborum significatione commentarii. *Aurelianis*, Gibier, 1584...   1   in-4.

678. — 1. Gulielmi Joannis Van Harn dissertatio juridica de delectis, quæ in Deum committi vulgo dicuntur, etc. *Hardervici*, Ever. Tyhoff, 1805. — 2. Christiaan de Haan specimen juridicum exhibens quæstiones varii argumenti, etc. *Leidæ*, Herdingh, 1820. — 3. Dei Discorsi di G. V. Gravina esposizione Italiana. *Torino*, Pane e Barberis, 1798.........................   1   in-8.

679. — Abrah. Wieling lectiones juris civilis. *Amstelod.*, Wœsberg, 1736..................   1   in-8.

680. — Observationes juris civilis romani. *Hagæ-Comitum*, Hondt, 1743.—H. G. Van Vryhoff observationes juris civilis, etc., *Amstelod*, Arktens, 1747.—Reprehensorum in observationibus juris

civilis liber, curâ Jo. Lud. Conradi. *Lipsiæ*,
Laugenheim, 1756............... 3 tomes en 1 in-8.

681. — Jo. Henr. de Berger resolutiones legum,
Lanterbach, accurante filio auctoris. *Vitember-*
giæ, Zimmermann, 1747.................. 1 pet. in-8.

682. — Jac. Voorda electorum liber et orationes
duæ, etc., *Traj. ad Rh.*, Vonk a Lynden, 1749.
— Ejusdem interpretationes juris romani. *Traj.*
ad. Rh., Paddenburg, 1768.............. 2 pet. in-8.

683. — J. L. E. Puttmanni interpret. et observ. capitum difficilior. juris romani. — Probabilium juris civilis liber. — Adversariorum juris universi
liber. *Lipsiæ*, Langenheim et Crus, 1763–75,
3 tomes en 1 in-8.

684. — Caroli Sigonii de antiquo jure civium Romanorum, lib. duo. — Ejusdem de antiquo jure Italiæ,
lib. III. *Venetiis*, Jordanus-Ziletus, 1563...... 1 in-4.

685. — Caroli Sigonii de antiquo jure civium romanorum, Italiæ, provinciarum; deque judiciis,
lib. XI. — Ejusd. de republica Atheniensium
eorumque ac Lacedæmoniorum temporibus
lib. V. *Parisiis*, Dupuys, 1576............. 1 in-fol.

686. — Modus legendi abbreviaturas passim in jure
tam civili quam pontificio occurrentes. *Parisiis*,
Desboys, 1562. — Legum Flosculi ibidem. —
Brocardica juris ibidem.................. 1 in-8.

687. — Barnabæ Brissonii de formulis et solemnibus
populi romani verbis libri VIII. *Paris*, Sebast.
Nivellius, 1583........................ 1 in-fol.

688. — Barnabæ Brissonii de verborum quæ ad jus

pertinent significatione lib. **XIX.** *Paris*, Sebast.
Nivellius, 1596......................... 1 in-fol.

689. — Thesaurus Dictionum et sententiarum juris
civilis ex universo juris corpore et glossis collectus, auct. Petr. Cornel. Brederodio. *Lugd.* Phil.
Thingi, 1585........................... 1 in-fol.

690. — De l'Impôt du vingtième sur les successions
et de l'Impôt sur les marchandises chez les Romains, par Bouchaud. *Paris*, Debure, 1772... 1 in-8·

691. — Recherches historiques sur la police des Romains concernant les grands chemins, les rues
et les marchés, etc., par Bouchaud. *Paris*,
Langlois, an VIII......................... 1 in-8.

692. — OEuvres complètes de J. Domat, par Joseph
Remy. *Paris*, Firm. Didot, 1829........... 4 in-5.

693. — Lexicon juridicum à Simone Scardio, opus
nunc adauctum Coloniæ Agripp. Joan. Gymnicus,
1616.................................... 1 in-fol.

694. — Joan. Kahl aliàs Calvini Wetterani Lexicon
magnum juris Cæsarei simul et canonici. *Genevæ*,
Joan. Ant. Chouet, 1683.................. 1 in-fol.

695. — Vocabularium juris utriusque, studio B. Philippi Vicat. *Neapoli*, Gravier, 1760........... 4 in-8.

696. — Les Lois civiles dans leur ordre naturel, par
M. Domat. *Paris*, Cellot, 1767............. 1 in-fol.

697. — Comes juridicus seu compendiarius Legum
romanarum delectus. *Divione*, Defaÿ, 1789.... 1 in-8 br.

698. — Commentaire sur la loi des Douze Tables,
par Bouchaud. *Paris*, Moutard, 1787........ 2 in-4.

699. — Commentaire sur la loi des Douze Tables ,
par Bouchaud, 2ᵉ édit. *Paris*, an XI........ 2 in-4.

700. — Conclusion sur les lois des Douze Tables,
par Boulage. *Troyes*, Sainton, 1804. — Essai
critique sur le commentaire de la loi des Douze
Tables. *Paris*, Rondonneau, an XIV......... 1 in-8.

701. — Codex Theodosianus cum perpetuis commentariis Jacobi Gothofredi, opus posthumum reco-
gnitum studio Ant. Marillii. *Lugd.* Ant. Huguetan , 1665. 6 Tomes en................... 3 in-fol.

702. — Appendix Codicis Theodosiani operâ Jacob.
Sirmondi. *Parïsiis* , Seb. Cramoisy, 1631...... 1 in-8.

703. — Elementa Juris civilis Justinianei cum Codice Napoleoneo et reliquiis qui in imperio
Franco-Gallico obtinent Legum codicibus juxtà
ordinem institutionum collati, etc. Edidit G. D.
Arnold. *Parisiis*, Lenormant, 1812......... 1 in-8.

704. — Un 2ᵉ exemplᵣₑ cum Codice civili, etc.

705. — B. Scotani examen juridicum. *Amstelodami*,
Boom. 1669.... ....

706. — Corpus Juris civilis academicum auctore
Christoph. Henr. Freiesleben. *Coloniæ* Muna-
tianæ. Thurneysen, 1775................. 1 in-4.

707. — Nic. de Passeribus conciliatio cunctarum legum corporis juris civilis. Edidit. Jo. Georg.
Simon. *Francof.* Boetius. 1685............. 1 in-4.

708. — Digestorum seu Pandectarum libri 50 ex
Florentis Pandectis representati. *Florentiæ*, Laur.
Torrentinus, 1553...................... 2 in-fol.

709. — Corpus Juris civilis in quo jus universum
Justinianeum comprehenditur, cum notis Dio-

nysii Gothofredi. *Lutetiæ*, P. Ant. Vitray, 1628. 2 in-fol.

710. — Corpus Juris civilis cum D. Gothofredi et
aliorum notis. *Amstelodami*, Elzevir, 1663. . . . . 2 in-fol.

711. — Corpus juris civilis romani, etc., cum D.
Gothofredi et aliorum notis. *Coloniæ Munatia-*
næ, Cramer, 1756 . . . . 2 in-fol.

712. — Matthæi Wesenbecii Commentarii in pandectas juris civilis et codicem justinianeum olim
dicti Paratitla, aucta subinde ab Arnoldo Vinnio
cum notis Reinh. Bachov. Echtii —; adjectus
M. Wesenbecii tractatus de feudis —; ex recensione Joannis Christenii. *Amstelodami*, de Zetter,
1665 1   in-4.

713. — Pandectæ justinianeæ in novum ordinem di-
gestæ, etc., auctore R. J. Pothier. *Parisiis*, Fr.
Ign. Fournier, 1818 5   in-4.

714. — Augustini Leyseri Meditationes ad Pandectas
cum indice Gotl. aug. Jenichii. *Lipsiæ*, Guel-
pherbyti et Gissæ Meisner. 1741—1780 13   in-4.

715. — Pandectes de Justinien mises dans un nouvel
ordre, par R. J. Pothier, traduites par de Breard-
Neuville, avec le texte en regard. *Paris*, Dondey-Dupré, 1818, 1822, 1824 21   in-8.

716. — Jo. Brunemanni Commentarius in Pandectas,
edente Samuele Strykio. *Coloniæ Allobrog.*,
Cramer . . . . .2 tomes en 1 in-fol.

717. — Ejusdem Commentarius in codicem justinianeum. *Coloniæ Allobrog.*, de Tournes, 1771.
                              2 tomes en 1 in-fol.

718. — Pandectæ justinianeæ in novum ordinem di-
gestæ. *Parisiis*, Saugrain, 1748, 1752 . . . . 3 in-fol.

719. — Τῶν Βασιλἵκων Biblia lib. LX. edita et cum versione Caroli Annibalis Fabroti, græcè et la- tinè. *Paris*, Sebast. Cramoisy, 1647 et seq..... 7 in-fol.

720. — Joan. Voet Commentarius in Pandectas. *Ha- gæ Comitum*, de Hondt, 1726............. 2 in-fol.

721. — Justi Henningii Boehmeri J. C^{ti} Exercitatio- nes ad Pandectas. *Hanoveræ*, John. Wilh. Schmid, 1745, etc................................. 6 in-4.

722. — J. Jensii ad romani juris Pandectas et codi- cem stricturæ. *Rotterdami*, 1754............ 1 in-4.

723. — Specimen juris romano gallici ad Pandectas seu digesta, authore Jacobo Delalande. *Aureliæ*, Boyer, 1689. .... 1 in-8.

724. — Mich. Godfr. Wernherii Commentationes ad Digesta. *Francof.* ac *Lipsiæ*, Gæbhardt, 1764. 2 in-8.

725. — Gul. Best Ratio emendandi Leges Pandecta- ram florentinarum auctoritate recens. D. Jo. Wen- delinus *Lipsiæ*, Schoenermack, 1745........ 1 in-8.

726. — Caroli Ferd. Hommelii Palingenesia librorum juris veterum sive Pandectarum loca integra, etc. *Lipsiæ*, Georgius, 1767. .... 3 in-8.

727. — Ulrici Huberi positiones juris secundùm ins- titutiones et pandectas; recognovit Zachariâ Huber, Ulrici filius. *Amstelod.*, L'Honoré, 1733. 1 in-8.

728. — Ulrici Huberi Eunomia romana, sive Cen- sura censuræ juris justinianæi, secund. Pandec- tas et Institutiones, edente filio suo Zachariâ. *Amstel.*, Horreus, 1724..................... 1 in-4.

729. — Ulr. Huberi Prælectiones juris civ. secundum institutiones et digesta Justiniani; edidit Judo-

cus Le Plat. *Lovanii*, Van-Overbeke, 1766.

3 tomes en 2   in-4.

730. — Hug. Grotii florum sparsio ad jus justinianeum, cum præfat. Geo. Christiani Gebau-
veri. *Halæ*, Crugius, 1729. . . . .   1 p. in-8.

731. — Les 50 livres du Digeste et des Pandectes de
l'empereur Justinien, traduits par MM. Hulot et
Berthelot. *Paris*, Rondonneau, 1803.   7   in-4.

732. — Le Digeste, ou Pandectes de l'empereur Justinien, par M. M. G. F. *Paris*, Moreaux, 1803.

733. — Dictionnaire du Digeste, ou Substance des
Pandectes justiniennes, par Thévenot Dessaules,
revu par Lesparate et de nouveau par Dussans.
Paris, Garnery, 1808.   2   in-4.

734. — Les Règles du droit civil dans le même ordre
qu'elles sont disposées au dernier titre du Digeste, traduit en français par Jean-Baptiste
d'Antoine. *Lyon*, Plaignard, 1710.   1   in-4.

735. — Jo. Conr. Buckeri Dissertatio de civili et naturali temporis computatione in jure, nec non
observationes quibus florentina scriptura variis
Pandectarum locis defenditur, etc. *Ludg.*, Bat.
Luchtmans, 1749.   1   in-8.

736. — Everh. Bronchorstii Commentarius in tit. digestorum de regulis juris antiqui; recogn. J. L.
Blasius; *Parisiis*, Bobin, 1672. . . . .   1 in-12.

737. — Epitome juris et legum romanorum juxtà
seriem digestorum, auctore Andreâ Barrigâ D.
de Montvalon. *Gandavi*, P. de Goesin, 1773. . .   1   in-8.

738. — Digestum vetus seu Pandectarum juris civilis,
cum commentariis Accursii, etc. Tome 1ᵉʳ.

— Infortiatum seu Pandectarum juris civilis,
cum commentariis Accursii. Tome 2.

— Digestum novum seu Pandectarum juris civilis. Tome 3.

— Codicis Justiniani repetitæ prælectiones, libri XII, accesserunt chronici canones, etc. T. 4.

— Volumen legum, parvum quod vocant, in
quo insunt tres posteriores libri codicis D. Justiniani, authenticæ seu novellæ Constitutiones
ejusdem. Tome 5.

Parisiis, Sebast. Nivellius, 1576............. 5 in-fol.

739. — Digestum vetus seu Pandectarum juris civilis, cum commentariis Accursii, etc. Tome 1er.

— Infortiatum seu Pandectarum juris civilis,
cum commentariis Accursii, etc. Tome 2.

— Digestum novum seu Pandectarum juris civilis. Tome 3.

— Codicis Justiniani repetitæ prælectiones libri XII, accesserunt chronici canones. Tome 4.

— Volumen legum, parvum quod vocant, in
quo insunt tres posteriores libri codicis D. Justiniani, authenticæ seu novellæ Constitutiones
ejusdem. Tome 5.

— Sextum volumen in quo hæc extant : Thesaurus Accursianus, remissiones, seu Judices
capitum juris difficiliorum, etc. *Lugduni,* 1589. 6 in-fol.

740. — Volumen legum, parvum quod vocant, commentariis Antonii Contii illustratum. *Parisiis,*
Nivellius, 1576........................ 1 in-fol.

741. — Novæ juris ac judiciariæ , tam civiles quam

criminales institutiones, auctore Francisco Xa-
verio Tixedor del Sola. *Carcassi*, Heirisson, 1769. 1   in-4.

742. — Joannis Schneidewini in quatuor institutionum imperialium D. Justiniani libros commentarii, etc. *Coloniæ Agrippinæ*, Metternich, 1724. 1   in-4.

743. — Arnoldi Corvini jurisprudentiæ romanæ som-
marium. *Amstelodami*, Elzevirius, 1656...... 1   in-4.

744. — Imp. Cæs. Justiniani institutionum lib. IV,
cum notis Georg. David Locameri et additioni-
bus Joh. Rebhanii, accurante Ulrico Obrechto.
Argentorati, Dulsseckerus, 1711............. 1 in-12.

745. — Imp. Cæs. Justiniani institutionum IV nova
interpretatio Theodori Marcilii. *Parisiis*, M. Or-
ry, 1610................................ 1   in-8.

746. — Institutiones Theophilo antecessore græco
interprete paratitla et nota ad eumdem Theophi-
lum græcum latinumque, Dionysio Gothofredo
auctore; accesserant Theophili Benedictorum et
perperam ab eodem admissorum lib. IV. *Genevæ*, Samuel Crispinus, 1620................ 1   in-4.

747. — Joan. Fabri in institutiones justinianæas commentarii. *Lugduni*, Tinghus, 1578.......... 1 in-fol.

748. — Justiniani institutiones cum Jani a Costa
(Jean de la Coste) commentariis, oper. ac studio
G. N. (Nicard). *Lut. Paris*, Martin, 1659..... 1   in-4.

749. — Ever. Ottonis Commentarius et notæ criticæ
ad Justiniani institutiones, cum præfat. Christoph. Frederici Harpprechti. *Francof.* et *Lips.*,
Bergerus, 1743........................... 1   in-4.

750. — Theophili antecessoris paraphrasis græca
institutionum cæsarearum, cum notis varior,

novam versionem suasque animadvers. addidit
Gul. Otto Reitz. *Hagæ-Comit.*, Thollios, 1751.. 2 in-4.

751. — Joach. Hoppii Commentatio ad institutiones
justinianeas, recens. Car. Frider. Walchius. *Francof ad Mœn.*, Varrentrapp, 1772............ 1 in-4.

752. — Scholastico-forenses Justiniani institutiones
auctore Jos. de Saint-Martin. *Burdigalæ*, Berge-
ret, 1777................................. 1 in-4.

753. — Arnoldi Vinnii in IV lib. institutionum imperialium Commentarius ex recensione Joan.
Gott. Heineccii. Accedunt ejusd. Vinnii quæstiones juris selectæ. *Lugduni*, Petrus Bruyset. 1761. 1 in-4.

754. — Arnoldi Vinnii in IV lib. institutionum imperialium Commentarius. *Amstelod.*, Daniel Elzeverius, 1665 .... 1 in-4.

755. — Azonei vel Azonis in codicem Commentarii.
Lugduni, Gueynard, 1523. (Goth.)......... 1 in-4.

756. — Antonii Perezii prælectiones in XII lib. codicis. *Amstelod.*, Dan. Elzeverius, 1671....... 2 in-4.

757. — Autre édition. *Antuerpiæ*, Verdussen, 1695. 2 in-4.

758. — Cypriani Regneri ab Oosterga Zwollani censura belgica, seu novæ notæ et animadversiones
in omnes et singulas leges quæ continentur in
XII lib. cod. *Trajecti ad Rhenum*, Gisbertus à
Zyll, 1656................................ 1 in-4.

759. — Antonii Mornacii Observationes in XXIV libros digestorum ad usum fori gallici. *Lutetiæ
Parisiorum*, Montalant, 1721............... 2 in-fol.

760. —— Un 2ᵉ exemplaire.................... 4 in-fol.

761. — Petri et Francisci Pithæi Observationes ad

codicem et novellas Justiniani, etc. *Paris*, typ.
reg., 1689.............................. 1 in-fol.

762. — Antonii Perezii Opera varia. *Venetis*, 1738. 3 in-fol.

763. — Jac. Cujacii Opera omnia curâ Caroli Annibalis Fabroti. *Lutetiæ Paris.*, 1658. (Gr. pap.) 10 in-fol.

764. — Jac. Cujacii Appendix, cum supplemento
quarumdam recitationum; curante Carolo An-
nib. Fabroto. *Lutetiæ Parisiorum*, 1658...... 1 in-fol.

765. — Jac. Cujacii Opera. *Venetiis*, Gasp. Stort,
1758-1783.................................11 in-fol.

766. — Promptuarium univers. operum Jac. Cujacii,
curâ Dominici Albanensis: *Mutinæ*, 1795...... 2 in-fol.

767. —Scipionis Gentilis Opera omnia. *Neapoli*,1763. 8 in-4.

768. —D. Justi Claprothi jurisprudentiæ heurematicæ
partes duæ complectentes materias pactorum et
contractuum. *Gottingæ*,Vandenhoeck,1773-1774. 2 in-8.

769. — Arnoldi Vinnii jurisprudentiæ contractæ, sive
partitionum juris civilis lib. IV. *Lugduni*, Bruyset, 1748 .... 1 in-4.

769 *bis*. — Civilis doctrinæ analysis philosophica, autore Jo. Olivier J.-C. Carpentoract. Romæ, Jo.
Generosus Salomonus, 1777................. 1 in-4.

770. — Hermanni Vulteii Jurisprudentia romana,
curante Joan. Georgio Estore. *Marburgi*,Muller,
1748..................................... 2 in-8.

771. — Joh. Jacobi Schützii Compendium juris Lau-
terbachium. *Tubingæ*, Cotta................. 1 in-8.

772. — Joan. Fabri in Justiniani imperat. codicem
Breviarium; accessit Tractatus Do. Bartholi de
insignibús et armis et repetitio in materiâ tor-
turarum. Apud *Dupré*, 1545............... 1 in-8.

773. — Samuelis de Cocceii jus civile controversum,
opus ad illustrationem Compendii Lauterbachia-
ni compositum. *Lipsiæ*, Hær. Weidmanni et
Reichii, 1766. .... 2 in-4.

774. — Melch. de Valentia illustres juris Tractatus;
accessit Tractatus novus (Gerardi Noodt). *Coloniæ Allobrog.*, de Tournes, 1753............. 1 in-4.

775. — Andr. Fachinæi Controversiæ. *Lugd.*, Car-
don, 1609. .... 4 tomes en 1 in-4.

776. — Car. Frid. Walchii Introductio in controversias juris civilis. *Jenæ*, Gollner, 1771......... 1 in-8.

777 — Luderi Menckenii Gymnasium polemicum ju-
et ris complectens 620 controversias. *Lipsiæ*, Klo-
778. sius, 1708. — Andr. Florentis Rivini. — Systema jurisprudentiæ polemicæ, etc. *Vitembergiæ*,
Schlomachius, 1753..................... 1 in-4.

779. — Ant. Merendæ controversiæ juris præfat.
C. Robert; recognovit Jo. Mich. Langendonck.
Bruxellis, Car. de Vos. 1745...... 4 tomes en 5 in-fol.

780. — Gerardi Noodt Opera omnia. *Lugd. Batav.*,
Elias Luzac, 1760...................... 2 in-fol.

781. — Sam. Strychii Prælectiones de cautelis contractuum, præfat. de jurisprudentiâ heurematicâ
præmisit Jo. Gotl. Heineccius. *Berolini*, Nicolas,
1753. .... 1 in-4.

782. — Sam. Strychii de jure sensuum Dissertationes legales. *Francofurti ad Viadrum*, Conradus,
1737.................................. 1 in-4.

783. — Sam. Strychii Jcᵗⁱ Opera omnia; edid. Joh.
Frideric. Rhetius; præfat. Wolffgang. Adam.
Schoepffius. *Francofurti* et *Lipsiæ*, 1743.16 t. en 8 in-fol.

784. — Sam. Strychii Opera præstantiora. *Halæ-Magdeburgicæ*, Orphanotropheus, 1746. 4 t. en 2 in-fol.

785. — Joan. Gott. Heineccii Opera omnia nunc denuò edita à filio Jo. Christ. Gott. Heineccio. *Genevæ*, De Tournes, 1771 . . . . .9 tomes en 14   in-4.

786. — Leçons élémentaires du droit civil romain traduites d'Heineccius par A. Menestrier. *Paris*, Garnery, 1808. . . . . 3 in-12.

787. — Codex Fabrianus definitionum forensium et rerum in sacro Sabaudiæ senatu tractatarum ab Ant. Fabro. *Genevæ*, Léonard Chouet, 1673. . . 1 in-fol.

788. — Ant. Fabri Sebusiani de erroribus Pragmat. et interpretatum juris Chiliadis. Pars 1ª. *Genevæ*, Samuel Crispinus, 1612. . . . . 4 in-4.

789. — Julii Clari Alexandrini J. Cᵗⁱ Philippi II Hispaniarum regis consiliarii supremi Opera receptarum sententiarum omnia. *Cameraci*, Riverius, 1616. . . . . 1 in-fol.

790. —— Ejusdem, Opera omnia, sive practica civilis atque criminalis, etc., cum notis Joan. Harprecti et Manfredi Goveani. *Lugduni*, Bailly, 1672. . . 1 in-fol.

791. — Josephi Mascardi Conclusiones omnium probationum, etc., quibus canonicæ, civiles, feudales, criminales, cæteræque materiæ continentur. *Augustæ Taurin.*, Tarin, 1615. . . . . 3 in-fol.

792. — Georgii D'Arnaud variarum conjecturarum lib. 2. Accedunt ejusdem dissertationes duæ de jure servorum et de iis qui se venumdari patiuntur. *Leovardiæ*, Guill. Coulon, 1744. . . . . 1 in-4.

793. — Tractatus universi Juris tùm Pontificii, tùm Cœsarei, etc. *Venetiis*, Franc. Zilettus, 1584. . 29 in-fol.

N° d'ordre.   Vol. Format.

794. — Syntagmarius Juris universi atque Legum
  penè omnium gentium et rerum publicarum
  præcipuarum in tres partes digestum à Petro
  Gregorio Tolosano. *Francofurti ad Mœnum*,
  Fischerus, 1589......................... 1 in-fol.

795. — Thesaurus Juris Romani continens rariora
  meliorum interpretum opuscula, cum præfatione
  Everardi Ottonis. *Trajecti ad Rhenum*, Joan.
  Broedelet, 1733......................... 5 in-fol.

796. — Novus Thesaurus Juris civilis et canonici ex
  collectione et museo Gerardi Meerman. *Hagæ-
  Comitis*, De Hondt, 1751................. 7 in-fol.

797. — Supplementum novi Thesauri Juris civilis et
  canonici post obitum patris, ed. et præf. instruxit
  Joan. L. B. Meerman. *Hagæ-Comitum*, Van-
  Daalen, 1780........................... 1 in-fol.

798. —Antonii Goveani Opera juridica, philologica,
  philosophica. Ex bibliothecâ viri nobilis Gerardi
  Meerman. Edidit Van-Vaassen. *Roterodami*,
  Beman, 1766........................... 1 in-fol.

799. — Jac. Gothofredi Opera juridica minora quæ
  inservire poterunt thesauri juris supplemento, etc. *Lugd. Batav.* Langerak, 1733........ 1 in-fol.

800 — Thesaurus jurisprudentiæ juvenilis. *Neapoli*,
  Raymund, 1754.......................... 2 in-8.

801. —Epitome juris civilis à Constantino Harmeno-
  pulo, etc. *Parisiis*, Christ. Welchelus, 1540.... 1 in-4.

802. —Francisci Duareni Opera omnia. *Aureliæ
  Allobrogum*, De la Rouière, 1608. 2 tomes en 1 in-fol.

802 *bis*. — Antonii Gomezii opera omnia, operâ et
  studio J.-B. Antonii. Lugd., Servant, 1733. —
  Additiones Auct. Jo. De Ayllon Laynez. Lugd.,
  Posuel, 1692........................... 3 in-fol.

8o3. — Antonii Gomezii variæ resolutiones juris;
operâ et studio J.-B. Antonii. *Lugduni*, Posuel,
1701 .... 2 in-fol.

8o4. — Joann. Pujæ et Feijoo Opera omnia posthu-
ma. Recogn. Greg. Mayans, 2 tomes en .... 1 in-fol.

8o5. — Hieron. de Oroz de apicibus juris civilis lib.V.
Lugduni, Deville, 1733 .... 1 in-fol.

8o6. — Franc. de Amaya Opera juridica. *Lugduni*,
Deville, 1734. — De ratiociniis administrato-
rum; auctore Franc. Munoz de Escobar. *Lugduni*, Deville, 1733 .... 1 in-fol.

8o7. — Jo. Casp. Barthel Opuscula juridica. *Bam-
bergæ*, Gobhardt, 1771 .... 3 in-4.

8o8. —— Ejusdem Annotationes ad universum jus
canonicum. *Coloniæ*, 1757 .... 1 in-4.

8o9. — Francisci Alef Dies academici, sive opuscula
et dissertationes juris selectæ. *Heidelbergæ*, J. J.
Hœnerus, 1753 .... 1 in-4.

81o. — Bern. Henr. Reinoldi Opuscula juridica. —
Dissertationem de insignibus Germanorum in ju-
risprudentiam præmisit J. Frid. Jugler. *Lug.
Batav.* Luchtmans, 1755 .... 1 in-8.

811. — Chrisfriedi Wæchtleri Opuscula juridico-phi-
lologica; cum præfatione Christ Henr. Trotz.
Traj. ad Rhenum. Van Lanckom, 1734 .... 1 in-8.

812. — Jo. Aug. Hellfeldi Opuscula et Dissertationes
juris civilis privati edita à J. Christiano Fischero.
Ienæ, 1775 .... 1 in-4.

813. — Gotfr. Mascovii Opuscula juridica et philologica; recens. J. L. E. Püttmannus. *Lipsiæ*,
Weidmann, 1776. .... 1 in-8.

814. — Jo. Ortwini Westenbergii Opera omnia juridica; curante Jo. Henr. Jungio. *Hanoveræ*,
Schmid, 1746, 2 tomes en................. 1   in-4.

815. — Barnarbæ Brissonii Opera minora, cum notis
Alberti Dieterici Trekell. *Lugd. Batav.*, Langerak, 1747.............................. 1 in-fol.

816. — Joan. Seldeni juris C^ti opera omnia à Davide
Wilkins. *London*, J. Walthoe, 1726........... 6 in-fol.

817. — Philiberti Bugnyon legum abrogatarum et
inusitatarum in omnibus curiis, terris, jurisdic-
tionibus, et dominiis regni FranciæTractatus, etc.
Bruxellis, Tserstevens, 1702.............. 1 in-fol.

818. —— Un 2e exemplaire............. ...... 1 in-fol.

819. — De Jurisprudentiæ Nævis dissertatio ab Lud.
Ant. Muratori. Nunc autem Latio donata à Bernardo Hipper. *Pedeponti*. Gastl. 1754........ 1 in-12.

DROIT FRANÇAIS. — INTRODUCTION.

820. — L'Ami de la Concorde, ou Essai sur les motifs
d'éviter les procès et sur les moyens d'en tarir la
source, par un avocat. *Londres*, 1765........ 1   in-8.

821. — Discours qui a remporté le prix à l'Académie
de Chaalons en 1783, sur cette question : Quels
seraient les moyens de rendre la justice en France
avec le plus de célérité et le moins de frais possible (par Bucquet). *Beauvais*, v^e Desjardins,
1789................................. 1   in-4.

822. — Essai sur la révolution du Droit français,
pour servir d'introduction à l'étude de ce Droit,
par Bernardi. *Paris*, Servière, 1785........ 1   in-8.

823. — Recherches pour servir à l'histoire du Droit
français. *Paris*, v^e Étienne, 1752............ 1 in-12.

824. — Les Institutions du Droit français suivant
l'ordre de celles de Justinien, par Claude Serres.
Paris, J. de Nully, 1753.................. 1   in-4.

825. —— Autre édition. *Paris*, Cavelier, 1778.... 1   in-4.

826. — Les Institutes de Justinien conférées avec le
Droit français, par Franç. de Boutaric. *Toulouze*,
Henault, 1754........................... 1   in-4.

827. — Analyse raisonnée du Droit français, par la
comparaison des dispositions des lois romai-
nes, etc., suivant l'ordre des lois civiles de Domat, etc., par Gin. *Paris*, Servière, 1782.... 1   in-4.

828. — La Conférence du Droit français avec le Droit
romain, etc., par Bernard Automne. *Paris*,
Foüet, 1629............................. 1 in-fol.

829. — Institution au Droit français, par M. Argou,
avocat en parlement; 3e édit. *Paris*, P^{re} Au-
boüyn, 1710............................. 2 in-12.

830. — Institution au Droit français, par M. Argou,
revue par Boucher d'Argis. *Paris*, Saugrain, 1753. 2 in-12.

831. — Mémoires pour servir à l'histoire du Droit
public de la France en matière d'impôts, par
La Moignon de Malezerbes. *Bruxelles*, 1779... 1   in-4.

832. — La Bibliothèque, ou Trésor du Droit françois, par M. Laurens Bouchel. *Paris*, Jacq.
Dallin, 1667............................. 3 in-fol.

833. — Glossaire du Droit françois, donné par Franç.
Ragueau, revu par Eusèbe de Laurière. *Paris*,
Jean et Michel Guignard, 1704, en 1 et..... 2   in-4.

834. — Dictionnaire de Droit et de Pratique, par
Claude J. H. Ferrière. *Paris*, Brunet, 1740.... 2 in-4.

835. — Le Nouveau Ferrière, par C. H. Dagar. *Paris*, Garnery, 1805......................... 3   in-4.

836. — La Nouvelle Pratique civile, criminelle, etc., ou le Nouveau Praticien françois, par M. Lange. *Paris*, Legras, 1719...................... 1   in-4.

DROIT FRANÇAIS.

837. — Catéchisme du Citoyen, ou Élémens de Droit public français, par demandes et par réponses, en France, 1788......................... 1   in-8.

838. — Histoire et Élémens du Droit français, par Ant. Fr. Jos. Dumées. *Douai*, Jacq. Franç. Willervas, 1753........................... 1   in-12.

839. — Principes de morale, de politique et de droit public, puisés dans l'histoire de notre monarchie, ou Discours sur l'histoire de France, par M. Moreau. *Paris*, impr. royale, 1777............19   in-8.

840. — Maximes générales du Droit françois, par M. Pre de l'Hommeau. *Paris*, Théod. Girard, 1665............................... 1   in-4.

841. — Un 2e exemplaire.   1   in-4.

842. — Le Droit public de France éclairci par les monumens de l'antiquité, par M. Bouquet. *Paris*, Desaint, 1756........................ 1   in-4.

843. — Maximes du Droit public français. *Amsterdam*, Marc-Michel Rey, 1775, 2 tomes en.... 1   in-4.

844. — Règles du Droit français, par M. Claude Pocquet de Livonnière. *Paris*, d'Espilly, 1768..... 1   in-12.

845. — De la Monarchie française, ou de ses Loix, par M. Pre Chabuit. *Bouillon*, à la Société typogr., 1783............................... 2   in-8

846. — Essai historique sur les lois et institutions qui
ont gouverné la France sous ses premiers Rois,
par J. B. M. Hetzrodt. *Trèves*, 1811.......... 1　in-8.

847. — Théorie des lois politiques de la monarchie
française, par Melle de Lézardière. *Paris*, Nyon,
1792, pap. vélin, tr. dor. Il n'existe que 3 exemplaires sur pap. vél...................... 8　in-8.

848. — Cours de Législation et de Jurisprudence
française, par le citoyen Proudhon. *Besançon*,
Tissot, 7e année rép...................... 2　in-8.

849. — Élémens de jurisprudence administrative, extraits des décisions rendues par le Conseil d'Etat
en matière contentieuse, par L. Macarel, avocat.
Paris, Dondey-Dupré, 1818.............. 2　in-8.

850. — Des Tribunaux administratifs, ou Introduction à l'étude de la jurisprudence administrative, etc., par L. A. Macarel. *Paris*, Roret,
1828........................... 1　in-8.

851 — Les Principes de la jurisprudence française,
par Prévost de la Jannès. *Paris*, Barrois, 1780.. 2 in-12.

852. — Droit public, ou Gouvernement des Colonies
françaises, par M. Petit. *Paris*, Delalain, 1771.. 2　in-8.

853. — Analyse raisonnée, historique et critique des
lois et usages primitifs du Gouvernement des
Francs, etc., par C. J. Clos. *Paris*, 1790. (Il n'existe
que 25 exemplaires. Cet ouvrage, quoique daté
de 1790, n'a été imprimé qu'en 1803)........ 1　in-4.

854. — Loix municipales et économiques du Lan-
guedoc. *Montpellier*, Rigaud, 1780-1787...... 7　in-4.

855. — Traité sur l'administration du Comité de
Provence, par l'abbé de Coriolis. *Aix*, v^e Ange
Adibert, 1786-88...................... 3　in-4.

N° d'ordre.   Vol. Format.

856. — Nouveau Commentaire sur les statuts de Provence, par J. Jos. Julien. *Aix*, David, 1788... 2   in-4.

857. — Observations sur la véritable constitution de
la Provence, au sujet de la contribution des trois
ordres aux charges publiques. *Aix*, Gibelin,
David, 1788... 1   in-4.

858. — Mémoire sur la contribution des trois ordres
aux charges publiques et communes de la pro-
vince 1   in-4.

859. — Droit public du Comté. — État de la Provence sur la contribution aux impositions, par
Ch. Franç. Bouche. *Aix*, Calmen, 1788....... 1   in-8.

860. — Droit public de la province de Bretagne, par
M. Pellerin, 1789............................... 1   in-8.

861. — Principes du Droit français suivant les maximes de Bretagne, par Poullain du Parc. *Rennes*,
Vatar, 1767.............................. 12   in-12.

862. — Traité général du gouvernement des biens et
affaires des communautés d'habitans des villes,
bourgs, etc., du royaume, par Edme de la Poix
de Fréminville. *Paris*, Gissey, 1760.......... 1   in-4.

863. — Les Priviléges des Suisses, ensemble ceux accordés aux villes impériales et anséatiques et aux
habitans de Genève résidens en France, par V. G.
J. D. G. S. (M. Vogel). *Paris*, Pierre Prault,
1751.. 1   in-4.

ÉDITS ET ORDONNANCES DES ROIS DE FRANCE.

864. — Codex Legum antiquarum; continentur leges
Wisigothorum, etc., ex bibliothecâ Friderici
Lindenbrogii. *Francofurti*, Marnius, 1613..... 1   in-fol.

865. — Originum ac Germanicarum antiquitatum li-
    bri, Leges videlicet, salicæ, ripuariæ, etc.,
    Operâ Basilii Joannis Herold. Basileæ. Petri. 1547. 1 in-fol.

866. — Leges Francorum salicæ et ripuariorum cum
    additionibus regum et imperatorum variis, operâ
    Jo. Georgii Eccardi. *Francofurti* et *Lipsiæ*, Nicol
    Foerster, 1720............................. 1 in-fol.

867. — Lois des Francs, contenant la loi salique et la
    loi ripuaire, suivant le texte de Dutillet, par
    J. F. A. Peyré; précédé d'une préface par Isam-
    bert. *Paris*, F. Didot, 1828, lat. et franç...... 1 in-8.

868. — Leges salicæ illustratæ cum Glossario salico
    auct. Gottefrido Wendelino. *Antuerpiæ*. Balth.
    Moretus. 1649............................ 1 in-fol.

869. — De Jure legislatorio Merovæorum et Carolingo-
    rum Galliæ Regum circà sacra, à Joan. De Turc-
    keim. *Argentorati*, Joan. Henricus Heitzius, 1772. 1 in-4.

870. — Anciennes Lois des Français conservées dans
    les coutumes anglaises, recueillies par Littleton,
    par David Houard, *Rouen*, Richard Lallemant,
    1766.. 2 in-4.

871. — Table chronologique des ordonnances des
    rois de France de la 3ᵉ race, depuis Hugues Capet,
    jusqu'en 1400. *Paris*, Imp. Roy. 1706........ 1 in-4.

872. — Recueil général des anciennes lois françaises
    depuis 420 jusqu'en 1789, par Decrusy, Isam-
    bert et Jourdan. *Paris*, Belin-le-Prieur, 1824 et
    suiv... 22 in-8.

873. — Code de Henry III, roi de France........ 1 in-4.
    — Le code du très-chrestien et du très-victo-
    rieux roy de France et de Navarre Henry IV,
    par Thomas Cormier, *Rouen*, Du Bosc. 1615.. 1 in-4.

N° d'ordre.   Vol. Format.

874. — Ordonnances royaux sur le faict de la justice,
par les rois François Ier à Louis XIII. *Rouen*,
David du Petitval, 1645. 1   in-8.

875. — Compilation chronologique contenant un recueil abrégé des ordonnances, édits, déclarations
et lettres patentes des rois de France, depuis
l'année 987; par M. Guill. Blanchard. *Paris*, veuve
Moreau, 1715.......................... 2 in-fol.

876. — Ordonnances royaulx de la jurisdiction de la
prévosté des marchands et eschevinaiges de la
ville de Paris, constituez et ordonnez tant par
les feus roys que par le roy nostre sire François
Ier. *Paris*, Jacq. Nyverd. 1528. (Fig. coloriées.) 1 pct. in-f.

877. — Recueil d'édits et ordonnances royaux sur le
fait de la justice et autres matières les plus importantes, par M. Néron et Et. Girard. *Paris*,
Montalant, 1720. .... 2 in-fol.

878. — La conférence des ordonnances royales, par
P^{re} Guénoys. *Paris*, G. Chaudière, 1593...... 1 in-fol.

879. — Ordonnances des rois de France de la troisième race, recueillies par ordre chronologique, par feu de M. Delaurière, et supplémens
par MM. Denis François Secouse, Villevault
et Brequigny. *Paris*, Imp. Roy., 1723, etc...... 17 in-fol.

880. — Recueil authentique des anciennes ordonnances de Lorraine, par François de Neuf-Cha-
teau. *Nancy*, Lamort, 1784.............. 1   in-4.

881. — Recueil des édits, ordonnances, déclarations,
traités et concordats du règne de Léopold Ier.
Nancy, J. B. Cusson, 1733, 1734.......... 3   in-4.

882. — Édit du roi pour le réglement des imprimeurs et libraires de Paris. *Paris*, Thierry, 1687. 1 in-4.

883. — Ordonnance de *Louis XIV* sur le commerce, avec les annotations de Philippe Bornier, *Paris*, 1749.. 1 in-12.

884. — Conférences des ordonnances de Louis XIV, par Philip. Bornier. *Paris*; 1755............. 2   in-4.

885. — Conférences de l'ordonnance de Louis XIV sur le fait des entrées, aides, et autres droits, par Jacq. Jacquin, *Paris*, veuve Saugrain et Pierre Prault, 1727....................................... 1   in-4.

886. — Questions sur l'ordonnance de Louis XIV, avril 1667, relatives aux usages des cours de Parlement et particulièrement de celui de Toulouze, par Marc. Ant. Rodier, avocat. *Toulouze*, Ant. Birosse, 1761........................... 1   in-4.

887. — Autre édition, *Toulouze*, Dupleix, 1770... 1   in-4.

888. — Ordonnances de Louis XIV sur le fait des gabelles, 1680. *Paris*, 1750................. 1   in-4.

899. — Conférences des ordonnances, édits, etc., par Louis François de Jouÿ. *Paris*, Durand, 1753. 1   in-4.

890. — Procès-verbal des conférences tenues pour l'examen des articles de l'ordonnance civile de 1667 — et l'ordonnance criminelle de 1670. *Paris*, 1776............................... 1   in-4.

891. — Les édits et ordonnances depuis Louis VI, etc., par Ant. Fontanon, rev. par Gabr. Michel. *Paris*, 1611............................... 3 in-fol.

892. — Le code du roi Henry III, roi de France et de Pologne, rédigé par M. Barnabé Brisson, et augmenté par Louis Charondas Le Charon. *Paris*, Jamet, Metayer, 1601.............. 1 in-fol.

913. — Dictionnaire de voierie, par Perrot. *Paris*, Prault, 1782............................. 1   in-4.

914. — Code rural, ou maximes et réglemens concernant les biens ruraux (ou de campagne), etc., par Boucher d'Argis, 1774 .... 3 in-12.

915. — Code de la librairie et imprimerie de Paris, avec les anciennes ordonnances (publié par Saugrain). *Paris*, 1744..................... 1 in-12.

916. — Code du Faux, ou Commentaire sur l'ordonnance du mois de juillet 1737, par François Serpillon. *Lyon*, Gabr. Regnault, 1774....... 1   in-4.

917. — Ordonnance de Louis XV, pour fixer la jurisprudence sur la nature et les conditions des donations, avec des observations, par J.-B. Furgole. *Toulouze*, Ant. Birosse, 1761........... 2   in-4.

918. — Commentaire sur l'ordonnance de Louis XV, sur les substitutions, par M. Furgole. *Paris*, Hérissant, 1767......................... 1   in-4.

919. — Les Instituts du droit consulaire, etc., par Jean Toubeau. *Paris*, J. Guignard, 1682...... 1   in-4.

920. Recueil de Réglemens pour les corps des arts et métiers. *Paris*, Simon, 1779................ 1   in-4.

921. — Édits, ordonnances, arrêts et réglemens sur le fait des mines et minières de France. *Paris*, Prault, 1764........................... 1 in-12.

922. — Code des mines, par Charles Louis Mathieu. *Paris*, Prault, an 12....................... 1 in-12.

923. — Considérations relatives à la législation et à l'administration des Mines, par Lefebvre. *Paris*, Bossange, an X........................... 1 in-8.

924. — Recueil des principaux édits et ordonnances. *Paris*, Le Boucher, 1785.................... 15 in-18.

925. — Recueil d'ordonnances militaires et de marine, depuis 1727 jusqu'en 1786 (de différents formats)............................... 41

926. — Recueil d'édits, arrêts, déclarations, de 1729 à 1788, enregistrés au parlement de Bretagne.— Table chronologique. *Rennes*, Vatar, 1730 et suiv...................................... 12 in-4.

927. — Recueil des édits, déclarations, lettres patentes, etc., enregistrés au parlement de Flandre, d'avril 1668 à juillet 1784, avec un supplément, 8 vol. in-4, — et arrêts du conseil d'état particuliers à son ressort, de 1640 à 1784, 3 vol. in-4. *Douay*, Derbaix, 1785-1790; en tout......... 11 in-4.

928. — Recueil des édits, déclarations, lettres patentes, arrêts et réglement du roy, régistrés au parlement de Normandie, depuis l'année 1643 à 1774, avec tables chronologique et alphabétique. *Rouen*, Lallemand, 1765-1774....... ...... 10 in-4.

929. Recueil d'édits, arrêts, ordonnances, réglemens, etc., sur toutes sortes de matières, depuis 560 jusqu'en 1789 (Classés par ordre chronologique)...................................... 140 in-4.

930. — Traité de la Police, par M. de La Marre. *Paris*, Brunet, 1722-1738...................... 4 in-fol.

931. — Dictionnaire de la police administrative et judiciaire et de la justice correctionnelle, par Ant. C. Guichard. *Paris*, Gouzy, La Roche, 1796.. 1 in-8.

932. — Le Livre noir de MM. Delaveau et Franchet,

ou Répertoire alphabétique de la police politique sous le ministère déplorable, par M. Année. *Paris*, Moutardier, 1829 4   in-8.

933. — Un deuxième exemplaire.............. 4   in-8.

934. Dictionnaire ou Traité de la police générale des
villes, bourgs-paroisses et seigneuries de la campagne, par Edme de la Poix de Fréminville.
Paris, Gisseÿ, 1758.................... 1   in-4.

935. Dictionnaire universel de Police, par Désessarts.
Paris, Moutard, 1786. Il n'a paru que ces 8 vol. 8   in-4.

936. Un deuxième exemplaire incomplet composé
des 6 premiers volumes.................. 6   in-4.

937. Recueil des édits, déclarations, lettres patentes,
arrêts du conseil d'Etat et du conseil du sou-
verain d'Alsace, avec des observations de Bouq,
de 1657 à 1770. *Colmar*, Decker, 1775 2   in-fol.

938. Recueil des édits et déclarations du roi, véri-
fiés, etc., au parlement de Besançon — Des
rois Louis XIV et Louis XV, régistrés en la
chambre des comptes, etc., ci-devant séante à
Dole, de 1674 à 1775, avec une table de matières. *Besançon*, Daclin, 1771-81.......... 6 in-fol.

939. — Collections des lois, ordonnances et réglemens de police depuis le 13ᵉ siècle jusqu'en 1818;
par Peuchet. *Paris*, Lottin, 1818............ 8   in-8

940. — Code municipal ou Recueil des principaux
édits, etc., qui intéressent les officiers munici-
paux et ceux de Police, par Giroud. *Grenoble*,
André Giroud, 1760..................... 2 in-12.

941. — Code correctionnel et de simple police, par
Sagnier. *Paris*, Fauvelle, an VII............ 1   in-8.

REGISTRES, ARRÊTS DES PARLEMENS ET COURS SOUVERAINES.

N° d'ordre.	Vol.	Format.

942. — Décisions, Sommaires du Palais, et Arrêts de la Cour de Parlement de Bordeaux, par Abrah. Lapeyrère. *Bordeaux*, Lacornée, 1749........ 1 in-fol.

943. — Jurisprudence du Parlement de Bordeaux, par M. de Salviat. *Paris*, Buisson, 1787...... 1 in-4.

944. — Arrêts notables du Parlement de Dijon, recueillis par Franç. Perrier, avec des observations par Guil. Raviot. *Dijon*, J. B. Augé, 1735..... 2 in-fol.

945. COLLECTION *provenant de M. Bignon, avocat général au Parlement de Paris*, 36 *vol.* in-fol. *manuscrits.*

SAVOIR :

Tomes.		Volumes.
1er.	— Registres du Parlement de 1407 à 1414, de 1458 à 1462........................	1
2 à 26.	———— de 1495 à 1627..............	25
27 et 28.	—— du Conseil de Parlement de 1576 à 1587..	2
29.	—— du Parlement de Paris de 1340 à 1629...	1
30 et 31.	—— Répertoire du registre intitulé : *Anciennes ordonnances*................	2
32.	Remontrances du Parlement contre les concordats (1517), avec la Réponse du chancelier Duprat............................	1
33.	Mémoires, Plaidoyers et autres actes de l'origine des ducs et pairs de France..........	1
34 et 35.	—Extraits des registres secrets des Parlemens de Tours et de Chaalons, 1589 à 1592......	2
36.	— Procès du chancelier Guill. Poyet, 1543..	1
	Total....	36

946. Collection *dite du président De Cotte,* 736 *tomes en* 810 *vol.* in-fol. *manuscrits.*

SAVOIR :

Tomes.		Volumes.
1 et 2.	— Premiers registres du Parlement appelés *Olim*.	2
3 à 13.	— Jugés, Lettres et Arrêts du Parlement, *id.*	11
14.	— Addition aux Jugés, etc.	1
15 à 18.	— Conseils et Playdoyers. — Mémoires du Parlement.	4
19 à 163.	— Régistres du Conseil, séparément, depuis 1400 à 1741 ...... 114 tomes en	145
164 à 168.	— Additions aux Régistres du Conseil	5
169 à 170.	— Régistres du Conseil, doubles, de 1499 à 1550.	2
171 à 209.	— Plaidoieries, de 1395 à 1597..37 tomes en	39
210 à 221.	— Régistres des après-dîners de 1405 à 1571...	12
222 - 223.	—— des grands jours	2
224 - 225.	—— du Conseil et audiences du Parlement de Poitiers de 1418 à 1436	2
226 - 229.	— Tours	4
230.	— Chaalons	1
231.	— Pontoise	1
232 à 236.	— Régistres du Parlement de 1364 à 1576..	5
237.	— Mémoires du Parlement, ou extraits des régistres du Conseil de 1364 à 1418	1
238 - 239.	— Régistres du Parlement de 1560 à 1630..	2
240.	— Extrait du vol. 152 du Conseil du Parlement de 1566 à 1575	1
	Total...	240

1re *suite de la Collection dite du président de Cotte.*

2e *suite de la Collection dite du président Cotte.*

3e *suite de la Collection dite du président de Cotte.*

4ᵉ *suite de la Collection dite du président de Cotte.*

5ᵉ suite de la Collection dite du président de Cotte.

6e *suite de la Collection dite du président de Cotte.*

*7*ᵉ *suite de la Collection dite du président de Cotte.*

8ᵉ *suite de la Collection dite du président de Cotte.*

9e *suite de la Collection dite du président de Cotte.*

11e *suite de la Collection dite du président de Cotte.*

Autre COLLECTION *de Manuscrits en* 15 *vol.* in-fol.

SAVOIR :

Suite de la Collection des manuscrits en 15 vol. in-fol.

N° d'ordre.   Volumes.

Report.... 5

avec l'Empire, l'Empereur, le Roi d'Espagne, les États-Généraux des Provinces-Unies, etc., de 1526 à 1679. — États de la Ligue.................... 1

— Mémoires et Harangues de M. de Haultefort sur les affaires de Savoie, Suisse et Genève en 1579... 1

— Journal des camps de Stenay et Douzy, sur la Meuse en 1727........................... 1

— Abrégé concernant les fortifications, l'attaque et la défense d'une place, par Contault, novembre 1734.. 1

— Voyages à Bambouc en 1744. — Relation des dernières guerres des Maures aux Indes. — Deux Voyages à la mer du Sud, par Ducoudray et Beauchesne. — Au Mexique, par Gatigny. — Au Pérou en 1703, et au détroit de Magellan. — De Siam à la Chine, par les jésuites, en 1687........................ 1

— Discours, Mélanges, par M. de Bassompierre.... 1

— Poésies diverses du comte de Beaumont, recueillies par son fils jusqu'à la fin de l'année 1650....... 1

— Idées d'un Système général, par le comte de Boulainviller............................. 1

— Catalogue des Cartes, Plans et Dessins du maréchal d'Estrées............................. 1

——— des Curiosités d'Histoire Naturelle, de Physique, etc., du cabinet de M. de Montriblond......... 1

Total.... 15

AUTRE COLLECTION *de manuscrits sur le droit, en* 7 *vol. in-fol.*

N° d'ordre.   Volumes.

951.   SAVOIR :

1ᵉʳ. Positiones juris naturæ et gentium annotây.
      Franciscus Xaverius, anno 1746............ 1

2.   Institutiones juris civilis Romano-Germanico
      Saxonici; illustrav. Franciscus Xaverius,
      anno 1747.................................

3.   Jus naturæ et gentium..................... 1

4.   Compendium juris feudalis Longobardici et
      Germanico Saxonici........................ 1

5.   Tractatio de instrumento pacis Westphalicæ. 1

6.   Annotationes in jus publicum Germanicum.. 1

7.   Capitulatio Caroli VI imperatoris......... 1

                                    Total.... 7

N° d'ordre.   Vol. Format.

952. — Arrêts notables du parlement de Bretagne
      prononcés en robe rouge, par Mᵉ Guillaume de
      Lesrat. *Paris*, Marnef, 1588............... 1   in-8.

953. — Arrêts du parlement de Bretagne, par M.
      Hevin. *Rennes*, Pierre Garnier, 1684........ 2   in-4.

954. — Recueil d'arrêts du parlement de Bretagne,
      par Paul Devolant, avec un recueil d'actes de
      notoriété, par M. (de l'Épine). *Rennes*, Devaux,
      1722...................................... 1   in-4.

955. — Journal des audiences et arrêts du parlement
      de Bretagne. *Rennes*, François Vatar, 1769... 5   in-4.

956. — Journal des principales audiences du parle-

ment avec les arrêts qui ont été rendus, par Jean
Dufresne. *Paris*, 1757.................... 7 in-fol.

957. — Ordre alphabétique ou Dictionnaire conte-
nant les principales maximes et décisions du
Palais, par M. Claude de La Ville. *Paris*, Nicolas
Le Gras, 1692..................... 1 in-fol.

958. — Dictionnaire des arrêts ou jurisprudence universelle des parlemens de France et autres tribunaux, par Pierre Jacques Brillon. *Paris*, Guill.
Cavelier, 1727. .... 6 in-fol.

959. — Dictionnaire de jurisprudence et des arrêts,
ou nouvelle édition du Dictionnaire de Brillon,
etc., par Prost de Royer. *Lyon*, Aimé de La Roche,
1781................................. 7   in-4.

960. — Arrêts remarquables du parlement de Toulouze, recueillis par Jean de Catellan, *Toulouze*,
1723............................... 2   in-4.

961. — Arrêts notables du parlement de Toulouze,
par Bernard de La Roche Flavin, augmentés des
observations de Me François Graverol. *Toulouze*, 1720..................... 1   in-4.

962. — Observations sur les arrêts remarquables du
parlement de Toulouze, recueillies par Jean de
Catellan, etc. *Toulouze*, Forêts, 1758........ 2   in-4.

963. — Journal du Palais, contenant les jugemens
de tribunal de cassation, etc., dans les principales causes, etc. *Paris* an IX, 49 vol. in-8,
dont 3 in-4 de tables.................... 49 in-8.

964. — Journal du Palais, ou recueil des principales
décisions de tous les parlemens et cours souveraines de France, par M. M. Cl. Blondeau et

8.

Gabr. Guerret. *Paris*, Bauche, 1755.......... 2 in-fol.

965. — Recueil des édits et déclarations du roi, lettres patentes, arrêts du conseil d'état, *Besançon*,
Cl. Jos. Daclin, 1771—1778.............. 6 in-fol.

966. — Recueil des édits, déclarations, lettres patentes, arrêts du conseil d'état et du conseil sou-
verain d'Alsace, par MM. de Boug. *Colmar*, J.
Henry Decker, 1775..................... 2 in-fol.

967. — Décisions notables sur diverses questions
de droit jugées par le parlement de Toulouze, recueillies par M. J. François de Cambolas. *Toulouze*, Caranove fils, 1735.............. 1   in-4.

968. — Quatre livres des arrêts et choses jugées par
la cour, composés en latin, par Anne Robert,
avocat. *Paris*, Claude Rigaud, 1711........ 1   in-4.

969. — Recueil d'arrêts notables des cours souveraines de France, par J. Papon, augmentez de
plusieurs arrêts, par J. Chenu, 4e édit. par M.
La Faye. *Paris*, Buon, 1721.............. 2 in-4.

970. — Arrêts notables de différens Tribunaux du
royaume, par Matthieu Augeard. *Paris*, Huart,
1756................................. 2 in-fol.

971. — Questions notables de droit décidées par plu-
sieurs arrêts de la cour de parlement, par Cl.
Le Prestre, avec les remarques de G. Gueret.
Paris, Coignard, 1679................ 1 in-fol.

972. — Arrêts et réglemens notables du parlement de
Paris et autres cours souveraines, par N°s Guy du
Rousseaud de La Combe, *Paris*, de Nully, 1743. 1 in-4.

973. — Recueil d'arrêts rendus sur plusieurs questions jugées dans des procès de rapport en la

4ᵉ chambre des enquêtes, par (de Lépine de Grainville). *Paris*, Quillau, 1750. 1   in-4.

974. — Arrêts de réglement, recueillis par Mᵉ Louis François de Jouy, avocat. *Paris*, Durand, 1752. 1   in-4.

975. —Recueil d'arrêts sur plusieurs questions jugées dans des procès de rapport en la 4ᵉ chambre des enquêtes, par M***. *Paris*, Gᵉˡ F. Quillau, 1750. 1   in-4.

976. — Réglement du conseil, précédé de l'explication des différens articles (par Tolozan). *Paris*, Moutard, 1786. 1   in-4.

977. — 1° Des attributions du conseil d'état, par Gaëtan de La Rochefoucauld. *Paris*, Tétot frères, 1829. ....
— 2° Commentaire sur l'ordonnance des conflits, par A. H. Taillandier, etc. *Paris*, Brière, 1829. 1   in-8.

978. — Du conseil d'état selon la charte constitutionnelle, etc. par J. B. Sirey. *Paris*, 1818 1   in-4.

979. —Jurisprudence du conseil d'état, publiée par J. B. Sirey. *Paris*, 1818 4   in-4.

980. — Du conseil d'état envisagé comme conseil et comme juridiction dans notre monarchie constitutionnelle (par M. de Cormenin, maître des Requêtes). *Paris*, Hérissant-Ledoux, 1818.... 1   in-8.

981. —Recueil des arrêts du conseil, ou ordonnances royales, rendues en conseil d'état, sur toutes les matières du contentieux de l'administration, par M. L. Macarel, avocat à la C. Rle. de Paris. *Paris*, Bavoux. 1821 et suiv. .... 10 in 8.

982. — De l'organisation du conseil d'état en cour judiciaire, par Routhier. *Paris*, Everat, 1828. 1   in-8.
— Un deuxième exemplaire. 1   in-8.

983. — Arrêtés de M. le P. P. D. L. (par M. le Président de Lamoignon), 1702................ 1   in-4.

984. — Recueil des arrêtés de M. le Président d'A-moignon. Nouv. Edit. par Richer. *Paris*, Nyon L'é., 1783............................. 2   in-4.

985. — Décisions catholiques, ou recueil général des arrêts rendus en toutes les cours souveraines de France, par J. Filleau. *Poitiers*, Fleurian, 1668. 1 in-fol.

986. — Recueil des principales questions de droit, par Bretonnier. *Paris*, Prault, 1756......... 2 in-12.

987. — Recueil des principales questions de droit, par Bretonnier, *Paris*, Le Boucher, 1783..... 1   in-4.

988. — Recueil alphabétique des questions de droit qui se présentent le plus fréquemment dans les tribunaux, par M. Merlin. *Paris*, Donel, ans XI, XII et suiv....................... 9   in-4.

989. — Recueil alphabétique des questions de droit qui se présentent le plus fréquemment dans les tribunaux, par Merlin. *Paris*, Garnery, 1819.. 9 in-4.

990. — Collection des décisions nouvelles relatives à la jurisprudence, par J. B. Dénisart. *Paris*, veuve Desaint, 1771..................... 4   in-4.

991. — Collection de décisions nouvelles, relatives à la jurisprudence, par Dénisart, avec des augmentations de MM. Camus et Bayard. *Paris*, veuve Desaint, 1783.................... 13 in-4.

992. — Gazette des tribunaux, contenant les nouvelles des tribunaux, la notice des causes, etc., etc., par Mars, avocat au parlement. *Paris*, Le Jay, 1775, 1789.............. 29 tomes en 26 in-8.

993. — Actes de notoriété donnés au châtelet de Pa-

ris, par M. J. B. Dénisart. *Paris*, Savoye, 1759.   1   in-4.

994. — Répertoire universel et raisonné de jurisprudence civile, criminelle, canonique et bénéficiale, par M. Guyot. *Paris*, Visse, 1784.....   17 in-4.

995. — Répertoire universel et raisonné de jurisprudence. 3ᵉ édition, par Merlin. *Paris*, Garnery, 1807....,......................... 13 in-4.
Le même, 4ᵉ édition, 1812............... 15 in-4.

996. — Table générale par ordre alphabétique des
matières insérées dans les seize premiers volumes
du Journal du Palais, etc., par Lebret Saint-
Martin. *Paris*, 1809....................   1   in-4.

997. — Dictionnaire des arrêts modernes, ou Répertoire analytique de la nouvelle jurisprudence
française, par Loiseau. *Paris*, Clament, 1809..   2   in-8.

998. — Dictionnaire des arrêts modernes en matière
civile, criminelle, de procédure et de commerce,
ou Recueil des arrêts rendus par la Cour de Cassation, etc., par MM. Loiseau, Dupin et Laporte.
Paris, Nève, 1814.......................   2   in-4.

999. — Jurisprudence de la Cour de Cassation, ou No-
tices des arrêts les plus importants, depuis 1791
jusqu'à l'an X, etc.; par J. B. Sirey. *Paris*, Laporte, an XIII.........................   4   in-4.

1000. — Journal des audiences de la Cour de Cassation, ou Recueil des arrêts de cette cour en
matière civile et mixte, de 1804 et suiv. *Paris*,
Porthmann, an XII.................... 19 in-4.

COUTUMES DE FRANCE.

France, par Pierre Guenoys. *Paris*, Chaudière, 1596.................................. 2 in-fol.

1010. — Somme rurale ou le grand coutumier général
de pratique, par J. Bouteillier, revu par Louis
Charondas Le Caron. *Paris*, Barth. Macé, 1611. 1   in-4.

1011. — Les Coutumes générales et particulières de
France et des Gaules, corrigées par Ch. Du-
moulin, augmentées par Gabr. Michel Angevin.
Paris, Cl. Sonnius, 1635.................. 2 in-fol.

1012. — Renati Choppini de Legibus Andium Muni-
cipalibus, lib. III, cum prævio tractatu de sum-
mis consuetudinum Gallicarum regulis. *Parisiis*, Larent. Sonnius, 1611.............. 1 in-fol.

1013. — Les Coutumes du pays et duché d'Angoulême,
d'Aunis, et du gouvernement de La Rochelle,
par J. Vigier, avec les additions et notes de
Jacques et François Vigier. *Angoulême*, Simon
Rezi, 1720. (Exemplaire précieux par ses
notes MS.)................................ 1 in-fol.

1014. — Les Coustumes du pays et duché d'Anjou,
avec les notes de Ch. du Moulin, par Gab. Michel de La Roche-Maillet. *Paris*, Alliot, 1633. 1 in-18.

1015. — Coutumes du pays et duché d'Anjou avec le
commentaire de Gabr. Dupineau et les notes
de Ch. Dumoulin, par M. Cl. Pocquet de Livonnière. *Paris*, J. B. Coignard, 1725........ 2 in-fol.

1016. — Coustume du pays et duché d'Anjou, con-
férée avec les coustumes voisines. (Par Durson.)
Angers, Barrière, 1751................... 1 in-12.

1017. — Coutumes générales d'Artois, par Adrien
Maillart. *Paris*, J. Rouy, 1739............ 1 in-fol.

1018. — Autre édition. *Paris*, Leclerc, 1756. 2 t. en 1 in-fol.

1019. — Coutumes du haut et bas pays d'Auvergne, avec la paraphrase de J. de Bas-Maison Pougnet, et les notes de Ch. Dumoulin. *Clermont*, Barbier, 1667 . . . . 1 in-4.

1020. — Les Coutumes du haut et bas pays d'Auvergne, avec les notes de Ch. Dumoulin, par Cl. Ignace Prohet. *Paris*, J. B. Coignard, 1695. 1 in-4.

1021. — Coutumes de haut et bas pays d'Auvergne, avec les notes de Me Charles Dumoulin, par M^e. ***, avocat en parlement. *Clermont-Ferrand*, Viallanes, 1770. 1 in-4.

1022. — Coutumes locales de haute et basse Auvergne, etc., par M. Chabrol. *Riom*, Martin Dégoutte, 1784 . . . . 4 in-4.

1023. — Coutume du comté et bailliage d'Auxerre, recueillie par Edme Billon, avocat en parlement. *Paris*, Guignard, 1693 . . . . 1 in-4.

1024. — Commentaires sur la coutume du bailliage et comté d'Auxerre, par M. J. B. Née de la Rochelle, avocat en parlement. *Paris*, Bauche, 1749 . . . . 1 in-4.

1025. — Nouveau commentaire sur la coutume de Bar-le-Duc, par J. Lepaige. *Bar-le-Duc*, Lochet, (1711) . . . . 1 in-8.

1026. — Coutumes générales du bailliage du Bassigny (Par Mammes Collin.) *Pont-à-Mousson*, 1607 . . . . 1 in-4.

1027. — Los Fors et Costumas de Bearn. *Pau*, Isaac Desbaratz, 1715. — Stil de la Justicy deu païs de Bearn, publicat en l'an 1564, ensemble les ordonnances d'Henry II. *Pau*, Is. Desbaratz,

— Compilation. d'auguns priviledges et regla-
mens deu pays de Bearn, etc. Pau. Is. Desbaratz.
(M. R.) 1716.......................... 1   in-4.

1028. — Coustumes de Beauvoisis, par Philippe de
Beaumanoir. — Assises et bons usages du
royaume de Jérusalem, par Jean d'Ibelin. —
Glossaire, par Gaspard Thaumas de La Thaumassière. *Bourges*, Toubeau, 1690.......... 1 in-fol.

1029. — Les Coutumes générales de Berry, par Fr.
Ragueau. *Paris*, Chevalier, 1615........... 1 in-fol.

1030. — Décisions sur les coutumes de Berry, par
Thaumas de La Thaumassière. *Bourges*, J. Toubeau, 1667............................. 1   in-4.

1031. — Un deuxième exemplaire............. 1   in-4.

1032. — Coutumes locales de Berry et celles de Lorris, commentées par Gasp. Thaumas de La
Thaumassière. *Bourges*, J. Thoubeau, 1679... 1 in-fol.

1033. — Coutumes générales de Berry, avec les commentaires de Gaspard Thaumas de la Thaumassière. *Bourges*, Levez, 1691.............. 1   in-4.

1034. — Maximes du droit coutumier, pour servir
d'explication à la nouvelle coutume de Berry;
par Gasp. Thaumas de La Thaumassière. *Bourges*,
Toubeau, 1691........................ 1   in-4.

1035. — Questions et réponses sur les coutumes de
Berry, avec les notes et jugements de Thaumas de La Thaumassière. *Paris*, Osmont, 1692. 1   in-4.

1036. — Nouveau commentaire sur les coutumes générales des pays et duché de Berry, par M. Gas-

pard Thaumas de La Thaumassière. *Bourges*,
J. J. Christo, 1750...................... 1 in-fol.

1037. — Dionysius Pontanus in consuetudines Ble-
senses accedunt notæ Caroli Molinæi. *Parisiis*,
Joan. Guignard, 1677.................... 1 in-fol.

1038. — Arnoldi Ferroni commentarii ad consuetudines. Burdigalensium. *Lugduni*, Gryphius,
1685............................... 1 in-fol.

1039. — Conférences de toutes les questions traitées
par M. de Ferron dans son commentaire sur la
coutume de Bordeaux, avec le commentaire de
M. Bernard Automne sur la même coutume, par
M. Pierre Dupin. *Bordeaux*, J. B. La Cornée,
1746.............................. 1 in-4.

1040. — Coutumes générales et locales du pays et
duché de Bourbonnois, commentées par Cl.
Marie Rouyer. *Moulins*, veuve Faure, 1779.. 1 in-4.

1041. — Joannis Paponis Crozetii in Burbonias consuetudines commentaria. *Lugduni*, Tornaesius,
1550............................. 1 in-fol.

1042. — Commentaires aux coutumes du duché de
Bourbonnois, par J. Duret. *Lyon*, Benoît Rigaud, 1585........................ 1 in-fol.

1043. — Coutumes générales et locales du pays et
duché de Bourbonnois avec le commentaire,
par Mathieu Auroux Despommiers. *Paris*, Osmont, 1732........................ 1 in-fol.

1044. — Coutumes générales et locales de Bourbon-
nais, avec des notes, par Ducher, avocat au
parlement. *Paris*, 1781................ 1 in-12.

1045. — Consuetudines ducatûs Burgundiæ, ferèque

totius Galliæ cum commentariis Bartholomœi
Chassenæi. *Francofurti*, Bassæus, 1574....... 1 in-fol.

1046. — Autre édition. *Lugduni*, Vincent, 1574... 1 in-fol.

1047. — Coutumes de Bourgogne avec le commentaire de Faisand. *Dijon*, J. Ressayce, 1698... 1 in-fol.

1048. — Les coutumes du duché de Bourgogne et les
observations de M. Bouhier. *Dijon*, Arnauld,
J. B. Augé, 1742-46.................... 2 in-fol.

1049. — Observations sur les titres des droits de justice, etc., de la coutume du comté de Bourgogne, par M. L. F. Dunod de Charnage. *Besançon*, Daclin, 1756.................. 1 in-4.

1050. — Statuts, coutumes et usages de Bresse, Bugey, Valconnay et Gex, par Philib. Collet.
Lyon, Claude Carteron, 1698............ 1 in-fol.

1051. — Usages des pays de Bresse, Bugey et Gex,
par Charles Revel. *Bourg-en-Bresse*, 1775... 2 in-fol.

1052. — Coutumes de Bretaigne. *Rennes*, Mestrard,
1544. — Ordonnances du parlement de Bretaigne sur les criées, etc. *Rennes*, Clercy (sans
date). Goth........................... 1 pet. in-8.

1053 — Autre édition. *Angiers*, Bourgoignon, 1558. 1 in-8.

1054. — Les Coutumes générales des pays et duché
de Bretagne, par Pierre Belordeau, *Paris*, Nicolas Buon, 1628...................... 1 in-4.

1055. — Autre édition, 1643................. 2 in-4.

1056. — Coutumes générales du pays et duché de
Bretagne. *Rennes*, J. Vatar, 1674......... 1 in-4.

1057. — Observations sur la coutume de Bretagne,

par Pierre Abel de Perchambault. *Laval*, Am-
broise, 1689.................................... 1   in-4.

1058. — Institution au droit Français, par rapport
à la coutume de Bretagne, etc., par René de La
Bigotière. *Rennes*, Vatar, 1693............. 1   in-4.

1059. — Un 2ᵉ exemplaire..................... 1   in-4.

1060. — Coutume de Bretagne avec les observations
de René de La Bigotière. *Rennes*, Garnier, 1713. 1 in-12.

1061. — Coutume de Bretagne, etc., par M. Michel
Sauvageau. *Nantes*, J. Mareschal, 1710...... 2   in-4.

1062. — Coutume de Bretagne et usances particulières
de quelques villes et territoires de la même province, etc. *Nantes*, Nic. Verger, 1725...... 1   in-4.

1063. — Consultations et observations sur la coutume de Bretagne, par Pierre Hévin. *Rennes*,
Vatar, 1734................................ 1   in-4.

1064. — *Du même :* Questions sur les matières féodales par rapport à la coutume de Bretagne.
Rennes, Vatar, 1736...................... 1   in-4.

1065. — Coutume de Bretagne, corrigée par feu Hévin. *Rennes*, Vatar, 1735...............1pet.in-12.

1066. — Coutume de Bretagne, etc., par M. Sauvageau. *Rennes*, J. Vatar, 1737.......... 2   in-4.

1067. — Coutumes générales du païs et Duché de
Bretagne; avec les notes de P. Hévin; l'aitiolo-
gie de Bertrand d'Argentré, etc. etc. revue, etc.,
par A. M. Poullain-Duparc. *Rennes*, Vatar,
1745....................................... 3   in-4.

Douilliez, 1719........................... 3 in-fol.

1077. — Autre exemplaire.................... 3 in-fol.

1078. — Coutumes du ressort du parlement de
    Guienne, etc., par deux avocats au même
    parlement. *Bordeaux*, les frères Labottière,
    1768................................ 2   in-8.

1079. — Loix, chartres et coustumes du noble pays
    et comté de Haynault et qui doivent observer
    en la hautè court de Mons, etc. *Anvers*, Jehan
    Loé, 1553........................... 1   in-8.

1080. — Coustumes et usaiges de la ville, etc., de
    Lille. *Anvers*, Martin Lempereur, 1534 (Ma-
    nuscrit et Impr.) Goth................... 1   in-4.

1081. — Coutumes de la ville et de la salle de Lille
    (Manuscrit)............................. 1 . in-4.

1082. — Commentaires sur les coutumes de la
    ville de Lille, par Patou. *Lille*, Dumortier,
    1788................................ 3 in-fol.

1083. — Examen d'un recueil de lois sur la nobilité
    des fonds de la province du Languedoc (par
    Lebel), 1770.......................... 1   in-4.

1084. — Nouveau commentaire sur la coutume de la
    Rochelle et du pays d'Aunis, par René Josué
    Valin. *La Rochelle*, Jacob Desborbes, 1756.. 3   in-4.

1085. — Les remarques d'Abrah. Fabert sur les cou-
    tumes générales du duché de Lorraine, etc.
    Metz, 1655.......................... 1 in-fol.

1086. — Coutumes générales du duché de Lorraine,
    pour les baillages de Nancy, Vosges et Alle-
    magne, *Nancy*, Babin, 1770..............1pet.in-12.

1087. — Coutumes de Lorris, baillage de Montargis,
par Gasp. Thaumas de La Thaumassière, avec
les Apostilles de Du Moulin, *Bourges*, J. Toubeau, 1679.......................... 1 in-fol.

1088. — Coutumes de Lorris-Montargis, St.-Far-
geau, pays de Puisaye, Châtillon-sur-Loing,
Sancerre, Gien, Nemours, Château-Landon,
etc., commentées par Lhoste, revues par Lepage. *Montargis*, Bobin, 1758........... 2 in-12.

1089. — Commentaire sur les coutumes du pays de
Loudunois, par M. P. Le Proust. *Saumur*,
Thomas Portau, 1612.................. 1 - .in-4.

1090. — Remarques et notes sommaires sur la coutume du Maine, par Math. Louis, Sieur des
Malicottes. Au *Mans*, Olivier, 1657........ 1 in-fol.

1091. — Illustrations et remarques sur les coutumes
du Maine, par M. Julien Bodreau. Au *Mans*,
Oliver, 1658........................ 2 in-18.

1092. — Les coutumes du pays et comté du Maine,
avec les commentaires de M. Julien Bodreau.
Paris, Coustelier, 1675. .... 1 in-fol.

1093. — Coutumes de Mante et Meulant, avec les
notes de Ch. Dumoulin, et les observations de
Germain Antoine Guyot. *Paris*, Saugrain, 1739. 1 in-12.

1094. — Coutume du baillage de Meaux, avec les
notes de C. Dumoulin, par J. Champy. *Paris*,
Langelier, 1668.....................1pet.in-12.

1095. — Coutume du baillage Melun, anciens ressorts et enclaves d'icelui (par Champy). *Paris*,
Morel, 1687......................... 1 in-12.

1096. — Coutume du baillage de Melun, etc., par

Louis Alph. Sevenet. *Paris*, Gogué, 1777.... 1 in-4.

1097. — Observations sur les Coutumes, etc. du ressort du Parlement de Metz, par feu Gabriel.
Bouillon, 1787 et 88.................. 2   in-4.

1098. —Commentaires du Droict civil tant public que
privé, observé au pays et duché de Normandie,
par Me Guill. Terrien. *Paris*, du Puys, 1572.. 1 in-fol.

1099. — Coutumes du pays et duché de Normandie,
anciens ressorts et enclaves d'icelui. *Rouen*,
Raph. du Petitval, 1599................. 1   in-4.

1100. —La Coutume réformée du pays de la Normandie, par Josias Bérault. *Rouen*, David du
Petitval, 1648 ....:.......... 1 in-fol.

1101. — L'Esprit de la Coutume de Normandie.
Rouen, Ant. Maury, 1701................ 1   in-4.

1102. — Coutume de Normandie expliquée par Pes-
nelle, avec les Observations de Roupnel de
Chenilly. *Rouen*, Lallemant, 1771... 2   in-4.

1103. — Nouveau Commentaire portatif de la Coutume de Normandie, par Etien. Le Royer de
la Tournerie. *Rouen*, Lallemant, 1771....... 2 in-12.

1104. — Commentaires sur la Coutume de Normandie, par Bérault, Jacq. Godefroy, et la paraphrase de d'Aviron. *Rouen*, Leboucher, 1776. 2 in-fol.

1105. — Commentaires sur la Coutume de Normandie, par Henry Basnage. *Rouen*, *Paris*, Kapen,
1778.................................... 2 in-fol.

1106. — Dictionnaire analytique, etc., de la Coutume de Normandie, par Houard. *Rouen*, Leboucher, 1780........................... 4   in-4.

1107. — Explication de la Coutume et de la Jurisprudence de Normandie, par J. Bapt. Flaust.
Rouen, 1781.............................. 2 in-fol.

1108. — Mémoires concernans le comté-pairie d'Eu,
et ses usages prétendus locaux, par Louis Froland. *Paris*, v^e Charpentier, 1722.......... 1 in-4.

1109. — Coutume d'Orléans, commentée par M. de
La Lande, revue par M. Phil. Aug. Perreaux.
Orléans, Borde, 1704 .... 2 in-fol.

1110. — Coutume du duché, baillage et prévôté d'Orléans, par M. Pothier. *Paris*, Debure, 1772... 1 in-4.

1111. — Coutume de la ville, prévôté et vicomté de
Paris, par Charondas Le Caron. *Paris*, Lhuillier, 1602............................... 1 in-4.

1112. — Renati Choppini de civilibus Parisiorum mo-
ribus ac institutis. Libri III. *Paris*, Mich. Sonnius, 1603.............................. 1 in-fol.

1113. — Le Droit français et Coutume de la prévôté
et vicomté de Paris, par Mme J. Tronçon. *Paris*, Guill. de Luyne, 1664............... 1 in-fol.

1114. — Coutume de Paris, par Jul. Brodeau. *Paris*,
Damien Foucault, 1669.................. 2 in-fol.

1115. — OEuvres de M. Barth. Auzanet, contenant
ses notes sur la Coutume de Paris, etc. *Paris*,
Nic. Gosselin, 1708.................... 1 in-fol.

1116. — Coutumes de la prévôté et vicomté de Paris,
avec les notes de M. Ch. Du Moulin, avec les
observations de T. Tournet, Jacq. Joly et Ch.
L'Abbé. *Paris*, Guill. Cavelier, 1709........ 2 in-12.

1117. — Corps et Compilation de tous les commen-

tateurs anciens et modernes de la Coutume de
Paris, par Claude de Ferrière. *Paris*, Claude
Robustel, 1714 . . . . 4 in-fol.

1118. — Coutume de Paris, par P^re Le Maistre. *Paris*,
Théod. Le Gras, 1741 . . . . 1 in-fol.

1119. — Nouveau Commentaire sur la Coutume de
la Prévôté et vicomté de Paris, par Claude de
Ferrière, revu par Sauvan d'Aramon. *Paris*,
1770 . . . . 2 in-12.

1120. — Texte des Coutumes de la prévôté et vicomté
de Paris, par Eusèbe de Laurière. *Paris*,
Nyon, 1777 . . . . 3 in-12.

1121. — Le Coutumier de Picardie, contenant les
Commentaires de Hèn. Dufresne, Ricard, Gos-
set, Le Caron, La Villette, Dubours, Le Roy
de Lozembrune (par Gosselin). *Paris*, 1726. . 2 in-fol.

1122. — Observations, etc., sur les Coutumes d'A-
miens, d'Artois, Boulogne et Ponthieu (Picar-
die), par Me de Calonne. *Paris*, 1784 . . . . 1　in-4.

1123. — Coutumes générales du Ponthieu et d'Abbe-
ville, commentées par Duchesne, mises en ordre
par Delegorgue, avocat. *Paris*, Saugrain, 1779. 2 in-12.

1124. — Petri Rat, in patrias Pictonum leges, quas
vulgus consuetudines dicit, glossemata. *Pic-
tavii*, Marnefius, 1548 . . . . 1 in-fol.

1125. — Jo. Bosselli Borderii Commentarius ad Legem regiam Molinæis habitam, de abrogata tes-
tium. *Pictavii*, Bochetor, 1582 . . . . 1　in-4.

1126. — Petri Rat Pictaviensis decurionis in Pictonum leges quas vulgus consuetudines dicit glossemata. *Augustoriti Pictonum*, ex officinâ Ant.

Mesnier, 1609........................ 1 in-4.

1127. — Responsa Joan. Bosselli Borderii, et Jo.
Constantii ad varias quæstiones ipsis proposi-
tas, in consuetudinem Pictonum. *Augustorii
Pictonum*, Joan. Fleuriau, 1659............ 1 in-fol.

1128. — Coutumier général du comté et pays de Poitou, avec les notes de Ch. Du Moulin, par Joseph Boucheul. *Poitiers*, Jacq. Faulcon, 1727. 2 in-fol.

1129. — Traité des Fiefs sur la Coutume de Poitou,
par M. J. Bapt. Louis Harcher. *Poitiers*, J. Félix
Faulcon, 1762................. 2 tomes en 1 in-4.

1130. — Statuts et Coutumes du Pays de Provence,
avec les gloses de M. L. Masse, par M. J. de
Bomy. *Aix*, J. Tholozan, 1620............ 1 in-4.

1131. — Les Coutumes générales des baillages de
Senlis, par Laurent Bouchel. *Paris*, 1631..... 1 in-4.

1132. — Coutume des baillages de Sens et de Langres,
commentée, etc., par Me Juste Delaistre, avocat en Parlement. *Paris*, Osmont, 1731...... 1 in-4.

1133. — Conférence de la coutume de Sens, par Pélée
de Chenouteau. *Sens*, Tarbé, 1787......... 1 in-4.

1134. — Coutumes du baillage de Troyes en Champagne, par P^re Pithou, avocat en Parlement.
Paris, Besongne, 1630................. 1 in-4.

1135. — Coutume du baillage de Troyes, avec les
Commentaires de Louis-le-Grand. *Paris*, Montalant, 1737........................ 1 in-fol.

1136. — L'Esprit de la Coutume de Troyes, compa-
rée à celle de Paris, avec une carte géographi-
que du territoire qu'elle régit. *Troyes*, Lefebvre, 1765....................... 1 in-8.

1137. — Le Coutumier de Vermandois avec les commentaires de Buridan, Lafons, Héricourt, Godet, Billecart, Vrévin. *Paris*, 1738.......... 2 in-fol.

1138. — Coutume de Vitry-le-François, par Ch. de Salligny. *Paris*, Nic. Bessin, 1651........... 1 in-12.

1139. — Coustumes du duché et baillage de Touraine, par Christophe de Thou, Barthélemy Faye et Jacq. Viole. *Paris*, Dallier, 1561 (sur vélin)...................................... 1 in-4.

1140. — Coustumes du duché et baillage de Touraine, par Me Estienne Pallu. *Tours*, Latour, 1661................................... 1 in-4.

1141. — Abrégé du Commentaire général de toutes les Coutumes et de toutes les autres Lois municipales en usage dans les différentes provinces du royaume; donné d'abord sous le faux titre d'Abrégé de la Coutume de Touraine par Jacquet, avocat. *Paris*, Samson, 1744........ 2 in-4.

1142. — Le Droit général de la France et le Droit particulier à la Touraine et au Lodunois, par Cottereau fils. *Tours*, Vauquer-Lambert, 1778, 6 tomes en........................... 3 in-4.

JURISCONSULTES.

1143. — La Thémis, ou Bibliothèque du Jurisconsulte, par une réunion de Magistrats, Professeurs et Avocats. *Paris*, Baudouin, 1820 et suiv. 10 in-8.

1144. — Gulielmi Budæi Consiliarii regii, etc. Forensia. *Lutetiæ*, Rob. Stephanus, 1548...... 1 in-fol.

1145. — Jani Langlæi, Otium semestre. *Rhedonis*, Jul. Du Clos, 1577..................... 1 in-fol.

1146. — Andreæ Tiraquelli Opera. *Lugduni*, Rouil-
lius, 1622......................... 3 in-fol.

1147. —La Practique de Masuer, anc. jurisconsulte,
mise en françois par Ant. Fontanon, avec les
annotations de P^re Guenoys. *Paris*, v^e Nivelle,
1606 .... 1 in-4.

1148. — Caroli Molinæi omnia quæ extant Opera.
Paris, J. Bapt. Coignard, 1681............ 5 in-fol.

1149. — Les OEuvres de Me Guill. Du Vair, évêque
et comte de Lizieux et garde des sceaux de
France. *Paris*, Sébastien Cramoisy, 1625.... 1 in-fol.

1150. — Les OEuvres de Simon d'Olive, sieur Du
Mesnil. *Tolose*, Bosc, 1638.............. 1 in-fol.

1151. — Les OEuvres de Me Lebret. *Paris*, Jacq.
Quesnel, 1642...................... 1 in-fol.

1152. — Les OEuvres de Me C. Le Bret. *Paris*, C.
Osmont, 1689...................... 1 in-fol.

1153. — Commentaire de Adam Theveneau, sur les
Ordonnances contenant les dificultés mües en-
tre les Docteurs du Droit canon et civil, etc.
Paris, Guignard, 1629................. 1 in-4.

1154. — Les OEuvres de M. Jacq. Leschassier, avocat
en Parlement. *Paris*, 1649.............. 1 in-4.

1155. — Divers Opuscules tirés des Mémoires de
M. Ant. Loisel, avec quelques Ouvrages de
B. Dumesnil et P^re Pithou, par Claude Joly.
Paris, v^e Guillemot, 1652.............. 1 in-4.

1156. — Anti-Choppinus, imò potiùs Epistola congra-
tulatoria Nicomedi Turlupini de Turlupinis, ad
renatum Choppinum de Choppinis (par Vil-
lière Hotman). *Carnuti*, 1592............ 1 in-8.

1157. — Les OEuvres de René Choppin. *Paris*,
L. Billaine, 1663 .... 1 in-fol.

1158. — Les OEuvres de Me Guy Coquille. *Paris*,
Guignard, 1666......................... 2 in-fol.

1159. — Les OEuvres de Fr. Grimaudet, avocat du
Roy à Angers. *Paris*, Guignard, 1670....... 1 in-fol.

1160. — Les OEuvres de Me Charles Loyseau. *Paris*,
J. d'Henry, 1678......................... 1 in-fol.

1161. — OEuvres M. Ant. d'Espeisses, par Me Guy
de Rousseau de La Combe. *Lyon*, Bruysset,1750. 3 in-fol.

1162. — Les OEuvres de M. Renusson, revues par
M. J. Ant. Serieux. *Paris*, Bauche, 1760..... 1 in-fol.

1163. — OEuvres de Cochin, contenant le Recuéil
de ses Mémoires et Consultations; nouv. édit.
(par de Nully). *Paris*, Cellot, 1760-1766... 6 in-4.

1164. — OEuvres M. Claude Henrys, contenant son
Recueil d'Arrêts, ses Plaidoyers, Harangues,
par M. B. J. Bretonnier. *Paris*, 1772........ 4 in-fol.

1165. — Recueil de Consultations sur diverses matières, par Franç. de Cormis. *Paris*, Montalant, 1735............................... 2 in-fol.

1166. — Les OEuvres de *Bacquet* (Jean), augmen-
tées de plusieurs questions, par Claude de
Ferrière et Claude-Joseph de Ferrière. *Lyon*,
Duplain, 1744.......................... 2 in-fol.

1167. — Les OEuvres de feu noble Scipion Duper-
rier, contenant ses Questions notables, et
Maximes de Droit; les Décisions tirées de Dumoulin sur la Coutume de Paris. *Toulouze*, Caranove, 1721.............................. 2 in-4.

1168. — Recueil de Jurisprudence civile du pays de droit écrit et coutumier, par M. Guy du Rousseaud de La Combe. *Paris*, Paulus Du Mesnil, 1753 .... 1 in-4.

1169. — OEuvres de M. le chancelier d'Aguesseau. *Paris*, 1759-1789 .... 13 in-4.

1170. — OEuvres complètes du chancelier d'Aguesseau; nouv. édit., par M. Pardessus. *Paris*, Fantin, 1819............................... 16 in-8.

1171. — Traités sur différentes matières de droit civil et de jurisprudence française, par M. Pothier. *Paris*, de Bure l'aîné, 1781 .... 4 in-4.

1172. — OEuvres posthumes de Pothier, contenant des Traités de la Procédure civile et criminelle. *Orléans*, Jul.-Jean Massot, 1773 .... 3 in-4.

1173. — OEuvres de Pothier. *Paris*, Beaucé, 1817 .. 13 in-8.

1174. — Pothier analysé dans rapports avec le Code civil, et mis en ordre sous chacun des articles de Code, etc. ,par P. A. Fenet, avocat à la Cour royale de Paris. *Paris*, l'auteur, 1826 .... 1 in-8.

1175. — OEuvres posthumes de Maître Louis d'Héricourt, contenant ses Consultations canoniques et civiles. *Paris*, Desaint, 1759............. 4 in-4.

1176. — Dupin aîné, avocat. Lois concernant l'organisation judiciaire. *Paris*, Guillaume, 1819 (Extr. du Bulletin des Lois)............... 2 in-8.

1177. —— Lois civiles (Extr. du Bulletin des Lois), *Paris*, Guillaume, 1820................. 2 in-8.

1178. —— Lois de procédure civile. *Paris*, Guillaume, 1821........................... 1 in-8.

1179. ——Lois criminelles. *Paris*, Guillaume, 1821. 1   in-8.

1180. ——Lois commerciales. *Paris*, Guillaume, 1820. 1   in-8.

1181. —— Lois sur les eaux et forêts. *Paris*, Guillaume, 1822....................... 3   in-8.

1182.——Lois des communes. *Paris*, Guillaume, 1823. 2   in-8.

1183. —— Lois de compétence. *Paris*, Guillaume,
1825................................. 4   in-8.

1184. —— Lois sur lois. *Paris*, Guillaume, 1820.... 1 in-12.

1185. —— Profession d'avocat. *Paris*, Fain, 1832.. 1   in-8.

1186. —— Jésus devant Caïphe et Pilate. *Paris*,
Everat, 1828.........................1 p^t in-12.

1187. ——Rapport sur le projet de loi sur les communes. *Paris*, Everat, 1829..............1 p^t in-12.

1188. — Lois du timbre et de l'enregistrement, ex-
traites du Bulletin des Lois, par Tardif. *Paris*,
Guillaume, 1826...................... 2   in-8.

DROIT FRANÇAIS, TUTELLES, CURATELLES, ETC.
FIEFS, DOMAINES, ETC.

1189. — Bartholomæi Bersani, advocati mediolanen-
sis, tractatus de pupillis, eorum privilegiis et
juribus. Lugduni, Anisson, 1705........... 1 in-fol.

1189 *bis*. — Azile ou Défense des Pupils, contenant
un Traité de Tutelles et Curatelles, par J. Gillet, *Paris*, Martin Collet, 1626........... 1   in-8.

1190. — Nouveau Traité des Tutelles et Curatelles
(par J. Gillet). *Paris*, Michel Bobin, 1665.... 1   in-4.

1191. — Nouveau Traité des Tutelles et Curatelles,
(par J. Gillet). *Paris.*, Jérôme Bobin, 1686... 1   in-4.

1192. — Traité des Minorités, Tutelles et Curatelles,

par Jean Meslé. *Paris*, Knapen, 1785........ 1 in-4.

1193. — Traités du Douaire et de la Garde noble et
bourgeoise, etc., par M. Phil. de Renusson.
Paris, la Comp^e des Libraires , 1724........ 1 in-4.

1194. — Observations snr le réglement des Tutelles,
par Cauvet, *Caen*, Leroy, 1777............ 1 in-12.

1195. — Traité de la Subrogation de ceux qui succè-
dent au lieu et place des créanciers, par
M. Ph. Dernusson. *Paris*, Nic. Le Gras, 1685.. 1 in-4.

1196. — Traité de la Subrogation, par M. Ph. Dernusson. *Paris*, Comp^e des Libraires , 1723... 1 in-4.

1197. — Traité de la Communauté entre mari et
femme, avec un Traité des Communautés ou
Sociétés tacites, par D. Le Brun. *Paris*, Char-
don , 1754............................. 1 in-fol.

1198. — Traité des Gains nuptiaux et de survie , par
Ant. Gas. Boucher d'Argis, *Lyon*, Duplain,
1738.................................. 1 in-4.

1199. — Traité de la Représentation suivant le Code
civil, par Brunetière aîné. *Paris*, Nève, 1812. 1 in-12.

1200. — Traités de la Représentation , ou du Double
Lien , etc., par Franç. Guyné. *Paris*, Simon
Langlois, 1698......................... 1 in-4.

1201. — Traité des Peines des secondes Noces, par
Me P^re Dupin. *Paris*, Den. Mouchet, 1743... 1 in-4.

1202. — Traité des Donations entre vifs et Testamen-
taires, par Me J. Marie Ricard ; ensemble la
Coutume d'Amiens. *Paris*, Mich. Guignard et
Robustel, 1713........................ 2 in-fol.

1203. — Essai sur l'Histoire de la Puissance parter-

nelle , par André Nougarède. *Paris ,* Le Normant , 1801............................... 1 in-12.

1204. — Lois des familles , ou Essais sur l'Histoire
de la Puissance paternelle et sur le Divorce ,
par Nougarède , baron de Fayet. *Paris ,* Le Normant , 1814 (pap. vél.)................... 1   in-8.

1205. — M. Ant. Peregrini Patavini, de Fidei Commissis , præsertim universalibus , à Gasp. Lonigio.
Lugd. Joan. Paulhe , 1670................ 1 in-fol

1206. — M. Ant. Peregrini de Fidei Commissis. *Lugd.*
Ant. Deharsy, 1607...................... 1   in-4.

1207. — Casp. Manzii tractatus duo : de Fide jussori-
bus et de advocatis procuratoribus , etc., cum
appendice de calumniatoribus et infamibus.
Nordlingæ , Beck , 1773................. 1 in-12.

1208. — D. Franc. De Barry de Successionibus tes-
tati ac intestati. *Lugd.* Jo. Ant. Huguetan ,
1671........................... 2 tomes en 1 in-fol.

1209. — Traité des Conventions de succéder, ou Successions contractuelles, par Joseph Boucheul.
Poitiers , Jacq. Faulcon , 1727............. 1   in-4.

1210. — Traité de la Révocation et Nullité des Donations, Legs , Institutions , Fidéi-commis , etc.,
par M. de La Rouvière. *Toulouze ,* Nic. Caranove.................................... 1   in-4.

1211. — Traité de la Crüe des Meubles au-dessus
de leur prisée , par M. Boucher d'Argis, avocat.
Paris , Bernard Brunet fils , 1741........... 1 in-12.

1212. — Traité des Institutions des Substitutions contractuelles, par Me Eusèbe de Laurière. *Paris ,*
Michel Guignard , 1715.................. 2 in-12.

1213. — Traité des Substitutions Fidéi-commissaires
selon le Droit romain et le Droit français, avec
notes sur l'ordonnance de 1747, par Thévenot
d'Essaule de Savigny. *Paris,* Moutard, 1778... 1 in-4.

1214. — Recueil : 1. Réflexions sur les Majorats et les
Substitutions, par H. de M***. *Paris,* Rondonneau, 1821; —— 2. Traité sur le Testament
mystique, par Moureau (de Vaucluse). *Paris,*
Locard, 1819; —— 3. Dissertation sur les
Conflits d'attributions entre l'autorité administrative et l'autorité judiciaire, par A. C. Guichard. *Paris,* Rondonneau, 1818;—— 4. Relation d'un Concours pour la chaire de Droit
romain, par A. J. L. Jourdan. *Paris,* Baudouin frères, 1819..................... 1 in-8.

1215. — Questions sur les Démissions de biens, par
Mᵉ Louis Boullenois. *Paris,* Gabriel Franç.
Quillau, 1727......................... 1 in-8.

1216. — Traité des Successions, par M.-Dén. Le
Brun. *Paris,* vᵉ Barrois, 1775 .... 1 in-fol.

1217. — Traité méthodique sur la Transmission des
biens par successions, etc., par M. Tissandier.
Paris, l'auteur, 1805 .... 8 in-8.

1218. — Législation et Jurisprudence des Successions
selon le Droit ancien, intermédiaire et nouveau, par Pailliet. *Paris,* Le Normant, 1816.. 3 in-8.

1219. — Tableau de la Législation ancienne et nou-
velle, et Commentaire sur la loi relative aux
Successions, par Chabot (de l'Allier). *Paris,*
Rondonneau, 1805..................... 2 in-8.

1220. — Des Loix civiles relativement à la propriété

des biens, trad. de l'italien par M. D. C. (Seigneux de Correvon), augmenté par M. de Félice. *Yverdon*, 1768.................... 1   in-8.

1221. — Traité desTestamens, Codicilles, par J. Bapt. Furgole. *Paris*, Louis Cellot, 1779......... 3   in-4.

1222. — Traité des Successions conformément au Droit romain et aux Ordonnances du royaume, par de Montvalon. *Paris*, Volland, 1786.... 2   in-4.

1223. —— Un 2ᵉ exemplaire................... 2   in-4.

1224. — Réglemens sur les Scellés et Inventaires en matière civile et criminelle, etc., par J. Meslé. *Paris*, Mouchet, 1734.................. 1   in-4.

1225. — Réglemens sur les Scellés et Inventaires en matière civile et criminelle, par J. Meslé. *Paris*, Paulus Du Mesnil, 1756.................. 1   in-4.

1226. — Mémoires concernant la nature des Statuts, par Louis Froland. *Paris*, Le Mercier, 1729.. 2   in-4.

1227. — Mémoires concernant l'observation du Sénatus-Consulte Velléien dans le duché de Normandie, par Louis Froland. *Paris*, Brunet 1722..... 1   in-4.

1228. — Traité des Fiefs et de leur origine, par Mᵉ Louis Chantereau Le Fèbvre. *Paris*, Louis Billaine, 1662....................... 1 in-fol.

1229. — Les Nobles dans les tribunaux, Traité de Droit, enrichi de plusieurs curiosités de l'histoire et du blazon, par Hermann Franç. de Malte. *Liège*, Guill. Henry Streel, 1680...... 1 in-fol.

1230. — Nouvel Examen de l'usage général des Fiefs en France pendant les 11, 12, 13, 14ᵉ siècles, par Brussel. *Paris*, Claude Prudhomme, 1727. 7 in-4.

1231. — De l'usage des Fiefs et autres droits seigneuriaux, par Mᵉ Denis de Salvaing. *Grenoble*,
André Faure, 1731........................ 1 in fol.

1232. — Traité de la perfection et confection des
Papiers Terriers généraux du Roi, par Mᵉ Bel-
lami. *Paris*, Paulus Du Mesnil, 1746........ 1   in-4.

1233. — La Pratique universelle pour la rénovation
des terriers et des droits seigneuriaux, par Edme
de la Poix de Fréminville. *Paris*, Morel, 1746. 1   in-4.

1234. — La Pratique universelle pour la rénovation
des terriers, etc., par Edme de La Poix Fréminville. *Paris*, Gissey, 1752................ 6   in-4.

1235. — Les vrais principes des Fiefs, par de Fréminville. *Paris*, Valleyre, 1769........... 2 in-4.

1236. — Traité des Fiefs, par M. Billecoq. *Paris*,
Durand, 1749......................... 1   in-4.

1237. — Jurisprudence du conseil, ancienne, moderne
et actuelle, sur la matière des amortissemens,
francs-fiefs, nouvel acquêt et indemnité, par
M. Dubost. *Paris*, Guill. La Mesle, 1759..... 3 in-4.

1238. — Traité des Droits seigneuriaux et des matières
féodales, par M. Noble Franç. de Boutaric.
Toulouze, J. Franc. Forest, 1758.......... 1 in-4.

1239. — Traité des Justices de seigneur et des droits
en dépendans, par Jacquet. *Paris*, L. Cellot,
1764................................ 1 in-4.

1240. — Dictionnaire des Fiefs et des Droits seigneuriaux, Mᵉ Renauldon. *Paris*, Cellot, 1765... 1 in-4.

— Autre édit. *Paris*, Delalain, 1788........ 2 in-4.

1241. — Traité des Fiefs, tant pour le pays coutumier que pour le pays de droit écrit, par
M. Germ. Ant. Guyot. *Paris*, Knapen, 1767–
1768. 2   in-4.

1242.— Traité des Fiefs, par Mᵉ Claude Pocquet de
Livonière. *Paris*, Despilly, 1771. 1   in-4.

1243. — Mémoires pour le Clergé de France dans
l'affaire des foi et hommages, et réponses de
l'Inspecteur du domaine. *Amsterdam*, 1785. . . 1   in-8.

1244. — Traité des Fiefs de Dumoulin analysé et conféré avec les autres Feudistes, par M. Henrion
de Pensey. *Paris*, Valade, 1773. 1   in-4.

1245. — Dissertations féodales, par M. Henrion de
Pensey. *Paris*, Théoph. Barrois, 1789. 2   in-4.

1246. — Renati Choppini Andegavi, etc., de Domanio
Franciæ, lib. III. *Paris*, Laur. Sonnius, 1605.. 1 in-fol.

1247. — Georg. Heinrici Springsfeldii tractatus novus juridico-polit.-historicus de Apanagio ejus-
demque jure. *Bremæ*, Bergerus, 1664. 1   in-4.

1248. — Essai sur les Apanages, ou Mémoire historique de leur établissement (par L. Franç. de
Vaucel, attribué aussi à Delaulne, son premier
commis), avec les Pièces justificatives, 2 t. en 1   in-4.

1249. — Traité de la connaissance des Droits et des
Domaines du Roi, par M. Berthelot Duferrier.
Paris, vᵉ Saugrin, 1725. 1   in-4.

1250. —Jura de Dominio pactisque dominium acqui-
sitivis, etc., auctore Joh.-Christ Augspurg. acces-
sere literæ præfantes Christiani Wolfii. *Marbuci
Cattorum*, ex off. Mulleriana, 1740.—Loci communes juris practici de rationibus reddendis

earumque revisione, etc., collecti à Johanne
Heeser, emendati per Wilhelmum Heeser. *Wez-
lariæ*, Winzleri, 1728................................... 1 in-4.

1251. — Mémoire sur les Matières domaniales, ou
Traité du Domaine, par Le Ferre de la Planche.
Paris, Desaint, 1764-1765................ 3 in-4.

1252. — L'Usement local du domaine congéable de
Cornouaille, commenté par Du Run Furic.... 1 in-4.

1253. — Traité de la Main-morte et des Retraits, par
M. Franç. J. Dunode. *Besançon*, Nic. Charmet,
1733... 1 in-4.

1254. — Traité du Retrait féodal et du Retrait li-
gnager, par Franç. Xavier Breyé. *Nancy*, Le
Seure, 1737................................ 1 in-4.

1255. — Francisci Manticæ, card. Lucubrationes de
tacitis et ambiguis commentationibus. *Genevæ*,
Cramer, 1723................. 2 tomes en 1 in-fol.

1256. — Instruction facile sur les Conventions, par
M. Jussieux de Montluel, 2ᵉ édition. *Paris*,
Lottin, 1760......................... 1 in-12.

1257. — Traité des Évictions et de la Garantie for-
melle, par Berthelot. *Paris*, Lottin, 1781.... 2 in-12.

1258. — Traité des Prescriptions de l'aliénation des
biens d'église et des dixmes, par M. Franç.
J. Dunod de Charnage. *Paris*, Briasson, 1753. 1 in-4.

1259. — Traité des Hypothèques, par M. Henry
Basnage. *Rouen*, J. Lucas, 1687............ 1 in-4.

1260. — Traité élémentaire, méthodique et complet
sur le régime hypothécaire, par M. Tissandier.
Paris, l'Auteur, 1805.................... 1 in-8.

1261. — De la nécessité et des moyens de perfection-
ner la Législation hypothécaire, par E. A. Hua
(de Mantes). *Paris*, Le Normant, 1812......   1   in-8.

1262. — Régime des Eaux, ou des Rivières naviga-
bles, flottables ou non, et de tous les autres
cours d'eau, etc., par Garnier (F. X. P.). *Paris*,
l'Auteur, 1822............................   1   in-8.

1263. — Traité des Chemins de toutes espèces, etc.,
faisant suite au Régime des Eaux, par F. X. P.
Garnier. *Paris*, l'Auteur, 1824.............   1   in-8.

1264. — Recueil méthodique et raisonné des Lois et
Réglemens sur la voirie, les alignemens et la
police des constructions, etc., par H. J. B. Da-
venne. *Paris*, Huzard, 1824...............   1   in-8.

1265. — Traité des Servitudes réelles, par Lalaure.
Paris, J. Thom. Hérissant, 1761...........   1   in-4.

1266. — Bartholom. Capellæ tractatus de Servituti-
bus tàm urbanorum quam rusticorum prædio-
rum. *Amstelod.*, Jauss. Wæsbergii, 1786....   1   in-4.

1267. — Traité des Servitudes suivant les principes
du Code civil (par Pardessus). *Paris*, Rondonneau, 1806............................   1   in-8.

1268. — Jacobi Menochii de præsumptionibus et in-
diciis commentaria. *Coloni Allobrogum*, Samuel de Tournes, 1686.......12 Tomes en 2 1 in-fol.

1269. — Traité de la preuve par témoins en matière
civile, avec le commentaire de J. Boiceau, par
Danty; nouvelle édition, par M***. *Paris*, Delalain, 1769.   1   in-4.

1270. — Traité sur la preuve par comparaison d'écritures, par Mr L. P. Vallain. *Paris*, Durand, 1761 . . . . 1 pet.in-12.

1271. — Instructions sur diverses questions relatives aux droits de contrôle d'insinuation et de centième denier, par M. Dupin. *Montpellier*, J. F. Picot, 1787 . . . . 1 in-4.

1272. — Les lois des bâtimens suivant la coutume de Paris, par M. Desgodets, avec les notes de Goupy. *Paris*, d'Espilly, 1768 . . . . 1 in-8.

1273. — Extrait de l'Essai sur les lois des bâtimens, par Madin, architecte. *Paris*, Migneret, 1797. 1 in-8.

1274. — Recherches sur les droits de grurie, grairie, ségrairie, par Angebolt. *Paris*, an II . . . . 1 in-8.

1275. — Traité de l'administration de la justice, par M. Jousse. *Paris*, Debure, 1771 . . . . 2 in-4.

1276. — Ordo peranticus judiciarum civilium eorumque solemnia, Autore Carol. Breto. *Paris*, Abel Langelier, 1604. . . . . 1 in-4.

1277. — Jacobi Menochii capiensis de arbitriis judicum quæstionibus et causis lib. duo. *Coloniæ Agrippinæ.* Ant. Hierat, 1628 . . . . 1 in-fol

1278. — La procédure civile du Châtelet de Paris et de toutes les jurisdictions ordinaires du royaume, par Pigeau. *Paris*, V. Dessaint, 1769. 2 in-4.

1279. — Annales de législation et de jurisprudence, publiées par l'université, an II . . . . 1 in-8.

1280. — Annales de législation et de jurisprudence du notariat, par une société de Jurisconsultes et de Notaires. *Paris*, Guilleminet, an XI, 1803. 14 in-8.

1281. — Cours de Notoriat, contenant la théorie

complète de cette science, etc., par J. B. Augan. *Paris*, Waré, 1825................... 1   in-8.

1282. — Nouveau répertoire de la jurisprudence et
de la science du Notariat, par J.-J.-S. Serieys.
Paris, Ch. Béchet, 1828................. 1   in-8.

1283. — Chartres, lettres, titres et arrêts de l'antiquité, chapelle, droits, fonctions......et priviléges des notaires et garde-notes au Châtelet
de Paris, recueillis par Mᵉ Guill. L'Evêque, etc.
Paris, 1663................................. 1   in-4.

1284. — La Science parfaite des Notaires, par
Claude Deferrière. *Paris*, Osmont, 1715..... 2   in-4.

1285. — Le Parfait Notaire, ou la science des Notaires, par A. J. Massé. *Paris*, Mame....... 3   in-4.

1286. — Le nouveau style des notaires.....aposto-
liques. *Paris*, Gerv. Clouzier, 1672......... 1   in-4.

1287. — Traité élémentaire du Notariat, par E. H.
Garnier-Deschesnes. *Paris*, 1807........... 1   in-4.

1288. — Répertoire de la législation du notariat ou
conférence des dispositions du code Napoléon,
du code de procédure, et du code de commerce, etc., par M. Favard. *Paris*, Firmin
Didot, 1807............................... 1   in-4.

1289. Arrêts et réglemens concernant les fonctions
des procureurs, tiers référendaires du parlement de Paris. *Paris*, Jacques Lefebvre, 1694. 1   in-4.

1290. — Traité de la vente des immeubles par dé-
cret, par M. Louis de Héricourt. *Paris*, de
Nully, 1739...............2 Tomes en 2   in-4.

1291 — Nouveau Praticien français, par T. Q. V.

(Tenneson). *Paris*, Rousseau, an V............. 1 in-8.

1292. — Recueil des lois de la République française,
concernant l'ordre judiciaire depuis 1790, par
Crosilhes. *Montauban*, Crosilhes, an 6....... 10 in-12.

1293. — De l'autorité judiciaire dans les gouvernemens monarchiques, par M. Henrion de Pansey.
Paris, Théop. Barrois, 1810.............. 1   in-8.

1294. — De l'autorité judiciaire en France, par Henrion de Pansey. *Paris*, Théop. Barrois, 1818. 2 in-4.

1295. — Traité des Faillites et Banqueroutes dans
l'ordre judiciaire, par J. L. Laurens. *Paris*,
l'Auteur, 1806......................... 1 in-8.

1296. — Traité du tribunal de famille, contenant une
instruction détaillée sur la compétence et les
fonctions de ce tribunal, par Augustin Charles
Guichard. *Paris*, Didot Je, 1791........... 1   in-8.

1297. — Instruction facile sur l'exercice de la faculté de disposer à titre gratuit, rétablie et
réglée par la loi du 4 germinal an 8, par Ber-
gier (du Puy-de-Dôme.) *Paris*, Baudoin.....1 in-12.

PLAIDOYERS, FACTUMS, MÉMOIRES, HARANGUES, ETC.

1298. De Advocato Libri IV, authore Martino Husson. *Parisiis*, Joan Guignard, 1666........ 1 in-4.

1299. — Règles pour former un avocat, par M.
Pierre Biarnoy de Mervilli; et un abrégé de
l'ordre des avocats, par Ant. Gaspard Boucher
d'Argis, etc. *Paris*, Durand, 1778........ 1 in-12.

1300. — Lettres sur la profession d'Avocat, par M.
    Camus. *Paris*, Gilbert, 1805. . . . . 2 in-12.

1301. — Plaidoyers historiques par M. Tristan.
    Lyon, La Rivière, 1650. . . . . 1pet. in-8.

1302. — Plaidoyé de Maistre Robert Robin, advocat,
    sur cette question : La mère doit-elle hériter
    d'un enfant né monstre ? *Paris*, Villery, 1620. 1 in-8.

1303. Plaidoyers de M. Claude Expilly, et plusieurs
    arrêts du Parlement de Grenoble. *Paris*, Abel
    Laugelier, 1612. . . . . 1 in-4.

1304. — Les plaidoyers et harangues de M: Le
    Maistre, donnés au public, par M. J. B. Issali.
    Paris, veuve Le Petit, 1660. . . . . 1 in-4.

1305. — Plaidoyez et factums de Me Erard, avocat
    au parlement. *Paris*, Mesnier, 1734. . . . . 1 in-8.

1306. — OEuvres choisies de Le Maître , précédées
    d'un fragment sur l'influence de la volonté, etc.,
    par Bergasse ; et la Vie de Le Maître, par Fal-
    connet. *Paris*, Buisson, 1807. . . . . 1 in-4.

1307. — Recueil de factums et mémoires sur plu-
    sieurs questions importantes (par Pierre Au-
    bert.) *Lyon*, Boudet, 1710. . . . . 2 in-4.

1308. — OEuvres d'Omer et Denis Talon, avocats
    généraux au parlement de Paris, par D. B.
    Rives. *Paris*, Egron, 1821. . . . . 6 in-8.

1309. — Les Reliefs Forenses de M^r. Sébastian Roul-
    liard, de Melun. *Paris*, Thomas de la Ruelle,
    1607. . . . . 1 in-8.

1310. — Recueil de mémoires, factums, etc., par M.
    Louis de Sacy. *Paris*, Bienvenu , 1724. . . . . . . 2 in-4.

1311. — Plaidoyers et autres œuvres de M. Olivier

Patru. *Paris*, Sébast. Mabre Cramoisy, 1670.. 1   in-4..

1312. — Autre édition. *Paris*, David, 1732....... 2   in-4.

1313. — Les Plaidoyers de M. Gaultier. *Paris*,
Théod. Girard, 1688.................... 2   in-4.

1314. — Les actions Forenses singulières et remarquables de M. Julien Peleus, avocat. *Paris*,
Buon, 1607............................ 1   in-4.

1315. — Mémoires et Plaidoyers de Linguet. *Amsterdam*, Joly, 1773...................... 7 in-12.

1316. — Plaidoyers et Mémoires de Loyseau de Mau-
léon. *Londres*, 1783.................... 3   in-8.

1317. — Plaidoyers de M. Nicolas de Corberon,
ensemble les plaidoyers de M. Abel de Sainte
Marthé. *Paris*, Ch. de Serey, 1693........ 1   in-4.

1318. — Mémoire pour la maison de Montesquiou,
contre les sieurs de la Boulbène (par Treil-
hard), suivi de la généalogie de cette maison.
Paris, 1783-84.................2 part. en 1   in-4.

1319. — Recueil général des pièces contenues au
procès de M. le marquis de Gesvres et de
mademoiselle de Mascranni, son épouse. *Rot-
terdam*. Renier, Leers, 1714............. 2 in-12.

1320. — Recueil général des pièces concernant le
procès entre la demoiselle Cadière et le père
Gérard, jésuite, 1731.................... 2 in-fol.

1321. — Factum de M. Fouquet. .... 1 in-12.

— Recueil des Défenses de M. Fouquet..... 6 in-12.

— Production de M. Fouquet contre celle de
M. Talon.,............................. 7 in-12.

1322. — Discours prononcés au parlement de Provence, par un de MM. les advocats généraux (par de Gueidan). *Paris*, 1739 - 1744.
Quillau................................... 3 in-12.

1323. — Causes célèbres et intéressantes, avec les
jugemens recueillis, par M***. *Paris*, Théod.
Legras, 1734-54..... .... 18 in-12.

1324. — Causes amusantes et connues, recueillies
par Hérissant fils, avocat (par Rob. Estienne,
selon Barbier). *Berlin*, 1769.............. 2 in-12.

1325. — Causes célèbres curieuses et intéressantes
de toutes les cours souveraines du royaume,
avec les jugemens qui les ont décidées. *Paris*,
1775-1782.................. .94 Tomes en 47 in-8.

1326. — Recueil des causes célèbres et des arrêts
qui les ont décidées, par Maurice Méjan.
Paris, Garnery, 1808..................... 1   in-8.

1327. — Plaidoyers et Mémoires de M. L. D. M***. 2   in-4.

1328. — Mémoire à consulter pour le comte de Mirabeau, contre le marquis de Monnier....... 1   in-8.

1329. — Causes politiques célèbres du 19ᵉ siècle,
rédigées par une société d'avocats. *Paris*, Langlois, 1827, et suiv..................... 3   in-8.

1330. — Causes criminelles célèbres du 19ᵉ siècle,
rédigées par une société d'avocats. *Paris*,
Langlois, 1827 et suiv.................... 4   in-8.

1331. — Discours de M. Servan dans la cause d'une
femme protestante, et discours sur l'administration de la justice criminelle. *Grenoble*, J. S.
Grabit, 1767.............................. 1 in-12.

1332. — OEuvres choisies de M. Servan. *Limoges*,
Bargeas, 1818........................... 2　in-8.

1333. — Mémoire justificatif pour trois hommes condamnés à la roue. *Paris*, Pierres, 1786.....
Arrêt de la cour du parlement qui ordonne
qu'un imprimé in-4° intitulé : *Mémoire justificatif pour trois hommes condamnés à la
roue*, sera lacéré et brûlé. *Paris*, Simon, 1786. 1　in-4.

1334. — Procès fameux extraits de l'histoire générale des Tribunaux de tous les peuples, etc.,
par Désessarts. *Paris*, l'Auteur, 1786....... 8　in-12.

1335. — Choix des plaidoyers et mémoires de M.
Dupin aîné, *Paris*, Waré, 1823-1825.—Plaidoyers de Dupin jeune, joints au 2ᵉ Tome, dont
ils forment le complément................ 2　in-8.

1336. — Débats du procès intenté à Mᵉ Isambert,
avocat, etc., au sujet des arrestations arbi-
traires (2ᵉ partie, Cour royale). *Paris*, Bal-
zac, 1827............................. 1　in-8.

1337. — De la souveraineté des ducs de Lorraine sur
le Barrois mouvant; ou Plaidoyer dans la cause
entre le préfet de la Meuse contre M. de Ven-
dières, par Troplong, avocat-général à Nancy.
Nancy, Hissette, 1832................. 1　in-8.

1338. — Mémoires à consulter pour Pierre-Auguste
Caron de Beaumarchais................ 1　in-4.

1339. —— 2ᵉ exemplaire..................... 1　in-4.

1340. — Conspiration anglaise. *Paris*, Imprimerie
de la République, an IX.........(Tome 1ᵉʳ) 1　in-8.

1341. — Procès contre Démerville, Ceracchi, Arena

et autres. *Paris*, Imprimerie de la République an IX...................................... 1   in-8.

1342. — Papiers saisis à Barenth et à Mende. *Paris*, Imprimerie de la République , an IX......... 1   in-8.

1343.—Mémoire concernant la trahison de Pichegru, par M. R. de Montgaillard. *Paris*, Imprimerie de la République, an XII................... 1   in-12.

1344. — Alliance des Jacobins de France avec le ministère anglais. *Paris*, Imprimerie de la République, an XI.......................... 1   in-8.

1345. — Notice sur la vie, le caractère et les crimes des principaux assassins aux gages de l'Angleterre. *Paris*, Imprimerie Impériale, an XII.. 1   in-8.

1346. — Acte d'accusation de Georges, Pichegru, Moreau et autres. *Paris*, Patris, 1804....... 1   in-8.

1347. — Recueil des Interrogatoires subis par le général Moreau, an XII.................... 1   in-8.

1348. — Procès contre Georges, Pichegru et autres. *Paris*, Patris, 1804..................... 8   in-8.

1349. — Le divorce né de la plaidoirie de Me Chanssaud, du 18 février 1811, devant le tribunal civil d'Aix; mémoire pour Etienne Gasp. Billard. *Nismes*, Gaude, 1812............... 1   in-8.

1350. — Rapport de la commission d'enquête créée par ordonnance royale du 30 juin 1824 , pour recueillir des documens sur les dépenses de la guerre d'Espagne. *Paris*, Imprimerie Royale,
                               5 parties. 1   in-4.

1351. Procès instruit par la cour d'assises de Paris contre la veuve Morin, Angélique de Laporte,

. etc., accusées de tentative d'extorsion de signa-
tures de billets à ordre, et de tentative d'assassinat sur la personne du sieur Ragouleau, re-
cueilli par M. Breton. *Paris*, Didot, 1812..... 1 in-8.

1352. — Mémoires pour et contre les sieurs Michel
jeune, Reynier, Poissière et Guille. *Paris*, 1813 ,
10 pièces 1 in-4.

1353. — Mémoires de madame Manson, explicatifs
de sa conduite dans le procès de l'assassinat de
Fualdès, écrits par elle-même et adressés à sa
mère. Paris, Pillet, 1818................
—— Mémoires de Clémandot, en réponse à
ceux de madame Manson. *Paris*, Ladvocat, 1818
1 in-8.

1354. — Affaire de Grenoble — Mémoire pour le
vicomte Donnadieu, sur la plainte en calomnie
par lui portée contre Rey, Cascnave et Re-
gnier. *Paris*, Dentu, 1820 — Observations sur
le mémoire du général Donnadieu, par A. Choppin d'Arnouville. *Paris*, Delaunay , 1820.....
— Réponse au mémoire de M. Berryer pour le
général Donnadieu, par M. de Saint-Aulaire,
suivie de pièces justificatives. *Paris*, Ladvocat,
1820. — Lettre de Berryer à M. de Saint-Aulaire. *Paris*, Dentu, 1820. — A ses concitoyens,
le général Donnadieu. *Paris* , Lenormant ,
1819.................................
1 in-8.

1355. —Mémoire de G. J. Ouvrard sur sa vie et ses
diverses opérations financières. *Paris*, Moutardier, 1826........................... 3 in-8.

1356. —— Un 2ᵉ exemplaire.................. 3 in-8.

1357. 1 — Mémoire pour G. J. Ouvrard, par Mau-
guin, avocat, sur les affaires d'Espagne.
Paris, Baudouin, 1826...............
2 — Protestation de l'ex-munitionnaire général de l'armée d'Espagne, lith..........
3 — Éclaircissemens au sujet de cette protestation, lith......................... } 1   in-8.
4. — Mémoire du comte *Andréossy* sur ce
qui concerne les marchés Ouvrard. *Paris*,
Firmin Didot, 1826..................
5 — Mémoire pour le maréchal duc de Bel-
lune sur les marchés Ouvrard. *Paris*, Trouvé,
1826..............................

1358. — Procès, devant la cour d'assises de Paris, de
Pierre Louis Fort, accusé d'assassinat et de
soustractions. *Paris*, Warée, 1825 (2ᵉ N°).... 1   in-8.

1359. — Procès complet de M. Perrotin, dit de
Barmont, Foucault, et Bonne Savardin. *Paris*,
Le Jay............................. 1   in-8.

1360. — 1. Procès de François Bâcon, baron de
Vérulam, devant la chambre des pairs d'Angleterre en 1621, par J. B. de Vauzelles. *Paris*,
Ponthieu, 1826. — 2. Mémoires, lettres et
pièces diverses, publiés par James Craufurd,
contre le duc de Grammont, etc. *Paris*, Pélicier, 1820............................ 1   in-8.

1361. — Plaidoyer de M. de Marchangy, avocat-général à la cour royale de Paris, dans la conspiration de la Rochelle. *Paris*, Boucher, 1822. 1   in-8.

1362. — Collection des pièces relatives au procès des
héritiers Dujardin de Ruzé, contre Delamare.
Paris, Guyot....................... 1   in-4.

DROIT FRANÇAIS, CODES.

N° d'ordre.   Vol. Format.

1363. — Projet de code civil, présenté par la commission, nommée par le gouvernement, le 24
thermidor an VIII. *Paris*, Imprimerie Républicaine, an IX.......................... 4   in-4.

1364. — Projet de code civil, etc., proposé par la
commission, nommée en exécution de l'arrêté
des consuls du 7 germinal an IX. *Paris*, Baudouin, an IX........................... 1   in-8.

1365. — Analyse critique du projet de code civil.
Paris, Garnery, an IX.................. 1   in-8.

1366. — Observations sur le projet de code civil,
par M. de Montlosier. *Paris*, Giguet, 1801.. 1 in-12.

1367. — Observations sur le nouveau projet du
code civil, par Dufour. *Paris*, Courcier..... 1   in-8.

1368. — Observations sur le projet du code civil,
par Garnier Deschesnes. *Paris*, Huzard, an
IX.................................... 1   in-8.

1369. — Lettre sur le projet du code civil. *Paris*,
Lenfant, an IX......................... 1   in-8.

1370. — Observations sur l'importance et les bases
d'un code civil, par un citoyen du département de l'Indre. *Châteauroux*, Bourgeois.... 1   in-8.

1371. — Conférence des observations des tribunaux
d'appel sur le projet de code civil. *Paris*, Imprimerie de la République, an IX. 4 Tomes en 3 in-4.

1372. — Recueil complet des travaux préparatoires
du code civil, par P. A. Fenet. *Paris*, 1827. 16 in-8.

1373. — Lettre au citoyen Portalis sur les articles

du code civil relatifs au divorce. *Paris*, Le
Clère... 1   in-8.

1374. — Procès-verbaux du conseil d'état, contenant
la discussion du projet de code civil. *Paris*,
Imprimerie de la République (an XII.). 5   in-4.

1375. — Analyse raisonnée de la discussion du code
civil au conseil d'état, par Jacques Maleville.
Paris, Garnery, 1805.................... 4   in-8.

1376. — Code civil des Français, suivi de l'exposé
des motifs sur chaque loi, présenté par les
orateurs du gouvernement............... 8 in-12.

1377. — Conférence du code civil avec la discussion
du conseil d'état. *Paris*, Didot jeune, 1804-
1805............................ 8 in-12.

1378. — Code civil des Français. *Paris*, Imprimerie
de la République, an XII, 1804........... 1   in-4.

1379. — Répertoire de la nouvelle législation civile,
commerciale et administrative, etc., par le baron Favard de Langlade. *Paris*, F. Didot, 1823-
1824................................. 5   in-4.

1380. — Code civil (à mi-marge), conforme à l'édition originale, augmenté de la concordance
des articles des Codes entre eux et de la Charte
constitutionnelle. *Paris*, Warée, 1828........ 1   in-4.

1381. — Code civil des Français, édition originale et
seule officielle. *Paris*, Impr. de la Républ. 1804. 1   in-8.

1382. — Texte du Code civil décrété et promulgué
en l'an II, par A. G. D. *Paris*, Lenormant,
1803.................................... 1   in-8.

1383. — La Législation civile, commerciale et criminelle de la France, ou Commentaire et complé-

ment des Codes français, par le baron Locré.
Paris, Treuttel et Würtz, 1827.......... 30 in-8.

1384. — Code civil, ou Recueil contenant les Procès-
verbaux du Conseil – d'Etat, les Discours des
Orateurs, etc............................ 3 in-8.

1385. — Code civil des Français, traduit en flamand
par P^re J. Lorio. *Gand*, Bogaërt de Clercq.... 1 in-12.

1386. — Esprit du Code Napoléon, par J. G. Locré.
Paris, Impr. Impériale, 1805............. 4 in-4.

1387. — Projet de loi sur le Code Napoléon. *Paris*,
Impr. Impériale, 1807.................... 1 in-8.

1388. — Le Droit civil français suivant l'ordre du
Code Napoléon, par C. B. M. Toullier. *Rennes*,
Vater, 1811 ....11 in-8.
———— A la fin du tome XI : Réfutation de la doc-
trine de Toullier, sur une question née de l'ar-
ticle 585 du Code civil, par Le Guevel. *Rennes*,
Vatar, 1819.

1389. — Traité des Donations et des Testamens suivant
les principes du Code Napoléon, par le baron
Grenier. *Clermont-Ferrand*, Landriot, 1812.. 2 in-4.

1390. — Abrégé méthodique des Lois civiles et du
Droit commun de la France, contenant les lois
qui composent la 1re, 2e et 3e partie du Code
civil. *Paris*, Prault, ans XI, XII et XIII..... 2 in-8.

1391. — Jurisprudence du Code civil, par Bavoux
et Loiseau. *Paris*, Brasseur, 1803..........10 in-8.

1392. — Code Napoléon expliqué par les décisions
suprêmes de la Cour de Cassation et du Conseil-
d'Etat, par M. A. S. G. Coffinières. *Paris*,
Garnery, 1809........... .... 1 in-4.

1393. — Introduction à l'étude du Code Napoléon,
   par Lassaulx. *Paris*, Bavoux, 1812......... 1   in-8.

1394. — Code Napoléon (en allemand), par Lassaulx,
   1809.............,...... 3   in-8.

   — Des Caractères distinctifs du Code Napoléon
   de Lassaulx. *Paris*, v^e Dumesnil-Lesueur, 1811.

1395. — Code civil expliqué par ses motifs et par ses
   exemples, etc., par J. A. Rogron. *Paris*, Gobelet, 1826........................... 1 in-12.

1396. — Questions transitoires sur le Code Napoléon,
   par Chabot de l'Allier. *Paris*, Garnery, 1809. 2   in-4.

1397. — Code civil avec des notes explicatives, rédigées par des Jurisconsultes qui ont concouru
   à la confection du Code. *Paris*, Guilleminet... 9   in-8.

1398. — Dictionnaire sur le nouveau Droit civil,
   par le citoyen Tennesson. *Paris*, Rousseau,
   an VII................................. 1 in-12.

1399. — Dictionnaire raisonné des Lois de la République française, par Guyot. *Paris*, Couret-
   Villeneuve, an IV...................... 2   in-8.

1400. — Dictionnaire des Constitutions de l'Empire
   français et Royaume d'Italie, par C. L. G. *Paris*, Gratiot, 1806...................... 3   in-8.

1481. — Cours de Droit civil français, par J. E. D.
   Bernardi. *Paris*, Garnery, 1803............ 4   in-8.

1402. — Cours de Code Napoléon, par Delvincourt.
   Paris, Gueffier, 1813 2   in-4.

1403. — Cours de Droit français, par Proudhon. *Dijon*, Bernard Defay, 1809................ 2   in-8.

1404. — Formole degli atti dei consigly di famiglia
   prescritti dal Codice civile Napoleoniano aduso

dei giudici di pace, etc., di G. Di Gregory.
Asti, typ. Zucconi e Masse, 1806 1   in-8.

1405. — Formole degli atti Guidiziati ad uso dei si-
gnori patrocinanti, etc., di Gaspare de Gregory. *Torino*, Orgeas, 1806 1   in-8.

1406. — Analyse raisonnée du Droit français, par
P. L. C. Gin. *Paris*, Garnery, 1804 6   in-8

1407. — Méthode du Droit civil, par Cotelle. *Paris*,
Langlois, 1804 1   in-8.

1408. — Traité analytique des Droits des enfans na-
turels reconnus et des réserves établies par le
Code Napoléon, etc., par Cotelle, professeur
de droit. *Paris*, Blanchard, 1812. — Traité des
Enfans naturels d'après les principes du Code
Napoléon et ceux de l'ancienne et de la nou-
velle Jurisprudence, par Rolland de Villargues.
Paris, Garnery, 1811 1   in-8.

1409. — 1. Traité de la Vente des Immeubles par expropriation forcée, avec des observations du
baron Grenier, par Gabr. Lachaize. *Paris*, Ch.
Béchet, 1829. — 2. De l'Expropriation forcée,
par Raybaud de Favas 2   in-8.

1410. — Manuel ou Guide des Acquéreurs d'immeubles et des Prêteurs de deniers sur hypothèque,
conformément aux dispositions du Code Napoléon, par Rolland. *Paris*, 1813 1   in-12.

1411. — Traité des Priviléges et hypothèques, par
G. B. Battur. *Paris*, Nève, 1818 2   in-8.

1412. — Traité des Hypothèques, par le baron Grenier. *Clermont-Ferrand*, 1824 2   in-4.

1413. — Tractatus de pignoribus et hypothecis auc-

tore Andreà Raymundo Pancy. *Parisiis*, Legras, 1687......................... 1 in-12.

1414. — Code général progressif suivant la méthode
de Pothier : Priviléges et Hypothèques , par A.
de Courdemanche. *Paris*, Roret, 1828....... 1　in-8.

1415. — Code de la Saisie immobilière, par A. Chauveau, avocat à la Cour royale de Paris. *Paris*,
1829 .... 1　in-8.

1416. —Conseils aux Préteurs sur hypothèque et aux
Acquéreurs d'immeubles , etc., par A. A. Sau-
tayra. *Paris*, Mansut, 1830.............. 1　in-8.
—— Un 2e exemplaire .... 1　in-8.

1417. — Recueil des Lois composant le Code civil.
Paris, Rondonneau, an XI.............. 1　in-8.

1418. — Explication du Code civil , d'après les motifs
exprimés dans les discours prononcés par les
orateurs du gouvernement et du tribunat, par
Me Bousquet. *Avignon*, J.-J. Niel , 1805...... 5　in-4.

1419. —Conférences sur le Code Napoléon , suivies
d'une analyse raisonnée, par ordre alphabétique,
par M. Hua, avocat. *Paris*, Rondonneau, 1812. 5　in-12.

1420. — Code des femmes , ou analyse des dispositions législatives des droits et devoirs de la
femme dans les différentes positions de la vie,
par Carré, avocat. *Paris*, Boret, 1828........ 1 in-18.

1421. — Principes généraux du droit civil , par
Perreau. *Paris*, Hacquart, 1805.............. 1　in-8.

1422. — Traité des conventions et des engagements
qui se forment sans convention , ou commentaire sur le 3e livre du Code civil , par Renauld
(de l'Orne). *Paris*, F. Didot, 1806.......... 1 in-12.

1423. — Commentaire sur la loi des successions, formant le titre 1er du livre 3e du Code civil, par Chabot (de l'Allier.) *Paris*, Nève, 1818...... 3 in-8.

1424. — Répertoire alphabétique chronologique des lois rendues par les assemblées nationales et législatives, etc., par Guill. Beaulac, 1802..... 1 in-8.

1425. — Répertoire alphabétique, chronologique des lois, etc., depuis vendémiaire an XI à janvier 1810, par Rondonneau. *Paris*, 1810..... 1 in-8.

1426. — Répertoire général de la législation française depuis 1789 jusqu'au 1er janvier 1812, par Rondonneau. *Paris*, Garnery, 1812. — Le Bouquet du roi, ou répertoire historique et classement des matières de la législation restauratrice de la France depuis mai 1814.—Août 1816. *Paris*, Rondonneau, 1816................ 2 in-8.

1427. — Table générale alphabétique des matières contenues dans les décrets rendus par les assemblées nationales, par Yves-Claude Jourdain. *Paris*, Belin, an X...................... 1 in-8.

1428. — Institutions et lois nécessaires à la France, par Jean-Prosper Chrestien de Poly. *Paris*, Trouvé, 1825.............................. 2 in-8.

1429.—Code de compétence, ou Recueil méthodique de dispositions non abrogées, puisées dans les lois des assemblées nationales, etc., par Yves-Claude Jourdain. *Paris*, Le Graverend, an VI.. 1 in-8.

1430. — Code de la compétence des autorités constituées de l'empire français, ou collection des dispositions constitutionnelles, législatives, administratives et judiciaires, etc., par Yves-Claude

Jourdain. *Paris*, Garnery, 1811............. 3　in-8.

1431. —Les Pandectes françaises, ou recueil complet
de toutes les lois en vigueur, contenant les
Codes civil, criminel, de commerce, etc., par
J.-B.-D. et par P.-N.-R.-C. Riffé Canbray. *Paris*,
Perlet, 1803........................... 22　in-8.

1432. — Précis ou tableau chronologique des événe-
ments et de la législation de la révolution, par
C. G. Heulhard - Montigny. *Paris*, Rondonneau, 1803............................. 1　in-8.

1433. — Exposition de l'esprit des lois concernant la
cassation en matière civile, par M. Lavaux. *Paris*,
Garnery, 1809...........................．in-12·

1434. — Explication des termes, et collection des
règles de droit, servant d'appendice aux Pandectes françaises, par J.-B. Delaporte. *Paris*,
Hardy, 1806........................... 1　in-8.

1435. — Projet de Code du commerce présenté par la
commission nommée par le gouvernement le 13
germinal an IX. *Paris*, Baudouin, an X...... 1　in-8.

1436. — Projet de Code de commerce présenté par la
commission nommée par le gouvernement le 13
germinal an IX. *Paris*, imprimerie de la république, an X........................... 1　in-8.

1437. — Révision du projet de Code de commerce,
précédée de l'analyse raisonnée des observations
du tribunal de cassation, des tribunaux d'appel, etc., par les citoyens Gorneau, Legras et
Vital Roux, etc. *Paris*, imprimerie de la république, an XI........................... 1　in-4

1438. — Observations des tribunaux de cassation et

d'appel , des tribunaux et conseils de commerce, etc., sur le projet du Code de commerce.
Paris, imprimerie de la république , an XI.... 3   in-8.

1439. — Législation commerciale de l'empire français, ou le Code de commerce commenté par
M. Maugeret. *Paris*, Capelle , 1808.......... 3   in-8.

1440. — Code de commerce , accompagné de notes
et observations par Fournel. *Paris*, Stoupe,
1807 1   in-8.

1441. — Code de commerce servant de supplément
au procès-verbal des séances du corps-législatif,
avec l'exposé des motifs , les rapports et les discours. *Paris*, Hacquart, 1807.............. 1   in-8.

1442. — Esprit du Code de commerce, etc., par J.-G.
Locré. *Paris*, imprimerie impériale, 1808..... 3   in-8.

1443. — Esprit du Code de commerce, etc., par J.-G.
Locré. *Paris*, Garnery, 1811.............. 10   in-8.

1444. — Code de commerce, édition originale et seule
officielle. *Paris*, imprimerie impériale, 1810... 1   in-4.

1445. — Formules des actes et opérations relatifs
aux faillites , cessions et réhabilitations, conformément au Code de commerce, par Fournel.
Paris, 1808...................... 1   in-8.

1446. — Commentaires sur le Code de commerce, par
J.-B. Delaporte. *Paris*, Demonville, 1808...... 2   in-8.

1447. — Exposition raisonnée de la législation commerciale et examen critique du Code de commerce, par Émile Vincens. *Paris*, Barrois l'aîné,
1821 3   in-8.

1448. — Journal de jurisprudence commerciale et maritime, rédigé par Girod et Clariond, avocats à Marseille, contenant les décisions notables du tribunal de commerce de Marseille et de la cour royale d'Aix. Années 1820 à 1826. *Marseille*, Brebion. 7 in-8.

1449. — Études de jurisprudence commerciale, par A.-G.-J. Gautier, avec une notice sur sa vie, par Dupin aîné. *Paris*, Pissin, 1829 .... 1 in-8.

—— Un 2ᵉ exemplaire .... 1 in-8.

1450. — Notes sur la forme de procéder devant les tribunaux de commerce, etc., par Legras. *Paris*, Migneret, 1807 .... 1 in-8.

1451.—Traité du contrat et des lettres de change, des billets à ordre et autres effets de commerce, par M. Pardessus. *Paris*, Nicolle, 1809 .... 2 in-8.

1452. — Cours de Droit commercial, par J. M. Pardessus. *Paris*, Nève, 1825 .... 5 in-8.

1453. — La Procédure en expropriation forcée, avec les formules, par Sagnier. *Paris*, Fauvelle (an VII) .... 1 in-8.

1454. — Traité de l'Expropriation pour cause d'utilité, par Ch. Delalleau, avocat. *Paris*, Alex. Gobelet, 1828 .... 2 in-8.

1455. — Projet de Code de Procédure civile, présenté par la Commission nommée par le Gouvernement. *Paris*, Imprimerie de la Républ. an XII. .... 1 in-4.

1456. — Nouveau Traité de la Procédure civile, contenant une Instruction sur la manière de procéder devant les tribunaux, par Commaille. *Paris*, Le Normant, 1806. .... 3 in-8.

1457. — Esprit du Code de procédure civile, par le

baron Locré. *Paris*, Didot, 1816.......... 5   in-4·

1458. — Cours de Procédure civile fait à la faculté de Droit de Grenoble, par Berriat Saint-Prix. *Paris*, Nève, 1813..................... 1   in-8.

1459. — Observations de diverses Cours d'appel de l'Empire sur le projet de Code de procédure civile.......... .... 53 cahiers, 1   in-4.

1460. — Code de procédure civile, édition originale et seule officielle. *Paris*, Imprimerie Impériale, 1806................................ 1   in-4.

1461. — Code de procédure civile avec le rapprochement du texte des articles du Code civil. *Paris*, Didot, 1806..................... 2   in-12.

1462. — Droit public et administratif français, par A. G. D. Bouchené-Lefer. *Paris*, Sédillot, 1831................................ 2   in-8.

1463. — Code de procédure civile, servant de supplément au procès-verbal des séances du Corps Législatif, avec l'exposé des motifs présentés par les Orateurs du Tribunat (avril 1806). *Paris*, Impr. du Corps Législatif.............. 1   in-8.

1464. — Analyse raisonnée des Conférences des opinions des Commentateurs et des Arrêts des Cours sur le Code de procédure, par G. L. J. Carré. *Rennes*, Cousin-Danelle, 1811........ 1   in-4.

1465. — La Procédure civile des Tribunaux de France démontrée par principes et mise en action par des formules, par Pigeau. *Paris*, Garnery, 1807. 2   in-4.

1466. — La Procédure civile des Tribunaux de France démontrée par principes, et mise en action par

rif général des émolumens, honoraires, etc.,
des Notaires, Avoués, Huissiers, etc., par C. E.
Courgibet. *Paris*, Pissin, 1829.............. 1 in-18.

1477. — Commentaire du Tarif en matière civile,
dans l'ordre des articles du Code de procédure civile, par Adolphe Chauveau. *Paris*, Til-
lard, 1832........................ 2   in-8·

1478. — État actuel de la législation militaire sur
l'administration des troupes, etc., par Quillet.
Paris, Magimel, 1808.................. 3   in-4.

1479. — Corps de Droit français, civil, commercial
et criminel, etc., par Rondonneau. *Paris*, Garnery, 1810 1   in-4.

1480. — Corps de Droit français, ou Recueil complet
des Lois, Décrets, Ordonnances, etc., publiés
depuis 1789-1825 inclus., par C. M. Galisset.
Paris, Malher, 1828, édition compacte...... 1   in-8.

1481. — Élémens du Droit et de la Pratique, ou Instruction sur la procédure par J. P. Ant. Demiau-
Crouzilhac. *Paris*, Vanraest et Lapeyre, 1811. 1   in-4.

1482. — Observations des Commissions consultatives
sur le projet de Code rural, recueillies, mises
en ordre et analysées avec un plan de révision
du même projet, par Deverneilh, membre du
Corps Législatif. *Paris*, Impr. Impériale, 1810. 4   in-4.

1483. — Projet de Code rural et de Code forestier,
par M. Ardant, maître des requêtes. *Paris*,
Testu, 1819........................ 1   in-8.

1484. — Lois rurales de la France, rangées dans leur
ordre naturel, par Fournel. *Paris*, Bossange,
1820............................ 3   in-8.

1485. — Code rural forestier et féodal, etc., par
Rondonneau. *Paris*, 1808 .... 1　in-8.

1486. — Législation de la Vaine pâture, par Auguste
Lepasquier. *Paris*, Pélicier, 1824 .... 1　in-8.

1487. — Code des imprimeurs, libraires, écrivains
et artistes, etc., par F. A. Pic. *Paris*, Corby,
1826 .... 2　in-8.

1488. —— Un 2ᵉ exemplaire .... 2　in-8.

1489. — Recueil : 1° Lois et Ordonnances relatives à
la liberté de la presse, aux journaux et écrits
périodiques, inserées au Bulletin des Lois ; —
2° Examen du projet de loi sur la presse périodique, par A. S. G. Coffinières. *Paris*, De-
laforest, 1828 ; — 3° Observations sur le projet
de loi relatif à la presse périodique, par M. de
La Forest d'Armaillé. *Rennes*, Vatar, 1828 ; —
4° Correctif au langage de la presse périodique.
Paris, Lenormant, 1828 ; — 5° Réponse de
M. Dupin aîné au duc de Choiseul, et Consul-
tation sur un acte de la censure. *Paris*, Mongie,
1827 .... 1　in-8.

1490. — 1. Code des chemins vicinaux, par Ath. J. L.
Jourdan, avocat à la Cour royale. *Paris*, Franjat
aîné, 1829. — 2. Loi sur la pêche fluviale, etc.,
par Coin Deslisle et Frédérich. *Paris*, La-
drange, 1829. — 3. Projet de code de la chasse,
etc., par Fougeroux de Champigneulles. *Paris*,
Lenormant, 1829 .... 1　in-8.

1491. — Commentaire sur le code Forestier, suivi de
l'ordonnance d'exécution, etc., par MM. Coin
Delisle et Frédérich, avocats à la cour royale
de Paris. *Paris*, Pélicier, 1827 .... 2　in-8.

1492. — Code forestier, conféré avec la législation et la jurisprudence relatives aux forêts, par L. Gagneraux. *Paris*, Gaultier-Laguionie, 1827 . 2 in-8.

1493. — Code forestier, suivi de l'Ordonnance d'exécution et de la jurisprudence forestière, annoté par Dupin aîné. *Paris*, P. Ledoux, 1828..... 1 in-18.

1494. — Vocabulaire du Code forestier, par Biret. *Paris*, Tournachon-Molin, 1828........... 1 in-8.

1495. — Nouveau Traité et Style de procédure civile, etc. *Paris*, Hacquart, 1808........... 1 in-4.

1496. — Livre de Droit concernant les procès civils (en allemand), par Lassaulx. *Coblenz*, 1808... 1 in-8.

1497. — Traité de la contrainte par corps en matière civile, de commerce, criminelle, correctionnelle, etc., par Maugeret. *Paris*, Maugeret, 1808.................................... 1 in-8.

1498. — 1. De la Contrainte par corps en matière civile et commerciale, par Loubens et G. Bourbon-Leblanc, avocats; suivi de Considérations sur le même sujet, par G. Touchard-Lafosse. *Paris*, Lhuillier, 1829. — 2. De la Nécessité de l'abolition de la Contrainte par corps, par Victor Pirmé; suivi du travail présenté sur cette matière, par M. Amyot. *Paris*, Delaunay, 1829. — 3. La Traite des Blancs, ou cri de désespoir d'un détenu pour dettes contre la Contrainte par corps, par J. B. P. Brunel. *Paris*, Astier, 1830..................................... 1 in-8.

1499. — Droit public français, ou Code politique contenant les Constitutions de l'Empire. *Paris*, Clament, 1809..................................... 1 in-8.

1500. — Code nouveau des rentes créées pour cession
de fonds ou à prix d'argent, etc., par Mariette.
Paris, 1807............................ 1   in-4.

DROIT CONVENTIONNEL ENTRE LA FRANCE
ET LES AUTRES PUISSANCES.

1501. — Code diplomatique des Aubains, ou du
droit conventionnel entre la France et les autres
puissances, etc. , par J. B. Gaschon. *Paris*, Foucault, 1818 1   in-8.

DROIT CRIMINEL.

1502. — Si la torture est un moyen seur de vérifier
les crimes secrets. Dissertation morale et juri-
dique, par M. Augustin-Nicolas. *Amsterdam*,
Wolgand, 1681.......................... 1   in-8.

1503. — Théorie des Lois criminelles, par J. Bapt.
Brissot de Warville. *Utrecht*, 1781.......... 2   in-8.

1504. —·Théorie des Lois criminelles, par J. Bapt.
Chaussard , *Auxerre*, Fournier, 1789........ 1   in-8.

1505. — De l'humanité dans les lois criminelles, et
de la jurisprudence sur quelques unes des questions que ces lois font naître, par M. de Mo-
lènes. *Paris*, Locquin, 1830.............. 1   in-8.

1506. — Jo. Samuelis Friderici Boehmeri Elementa
Jurisprudentiæ criminalis. *Halæ*, Orphanotropheus, 1749............................ 1   in-8.

1507. — Développement de la théorie des Lois criminelles , par S. Bexon. *Paris*, Garnery, 1802
(pap. vélin)........................... 2   in-8.

1508. — Application de la théorie de la Législation pénale, ou Code de la sûreté publique et particulière, par Scipion Bexon. *Paris*, Courcier, 1807 . . . . 1 in-fol.

1509. — De la Législation criminelle, par Servin, avec des considérations sur les Lois et sur les Tribunaux de judicature, par M. Js. Iselin. *Basle*, Schweighauser, 1782 . . . . 1 in-8.

1510. — Des Commissions extraordinaires en matière criminelle, 1766 . . . . 1 in-8.

1511. — Des Loix pénales, par M. de Pastoret. *Paris*, Buisson, 1790 . . . . 1 in-8.

1512. — Traicté des Peines et Amandes tant pour les matières criminelles que civiles, extr. des loix des Douze Tables avec la Practique françoise, par Jean Duret. *Lyon*, Rigaud, 1573 . . . . 1 in-8.

1513. — Practique judiciaire pour l'instruction des causes criminelles et civiles, par Pierre Liset, avec des notes par L. Charondas Le Caron. *Paris*, Monstrœil, 1613 . . . . 1 in-8.

1514. — 1. Nicolai Kloeckhof, historia juris Romani de Bonis damnatorum. *Genevæ*, Cramer, 1749. — 2. De Obligationibus et actionibus tractatus, auctore M. P. Tancrede, comite ab Hauteville. *Traj. ad Rhen.* Muntendam, 1756 . . . . 1 in-8.

1515. — Examen de la Législation romaine, anglaise et française en matière criminelle, par Ch. Joseph Sarreste. *Paris*, Garnery, an XI . . . . 1 in-8.

1516. — Prosperii omnia Farinaci Opera Criminalia. *Francofurti ad Mœnum*, in officinâ Palthenianâ, 1606 . . . . 12 tomes en 10 in-fol.

1517. —— Ejusdem : de Testibus, curâ Jo. Viereggii.
Osnabrugi , Schwander, 1677. — Accedunt,
Martini Uranii cogn. Prenninger et alior. lectu-
ræ in tit. Decret. de Testibus et Attestationi-
bus. C'est un 2ᵉ exemplaire du tome 2ᵉ des
OEuvres complètes de Farinacius . . . . 1 in-fol.

1518. — Antonii Matthæi de Criminibus Commentarius. *Vesaliæ* , Andreas ab Hoogenhuysen,
1679 . . . . 1 in-4.

1519. —— Autre édit. *Genevæ*, Cramer, 1760 . . . . . 1 in-4.

1520. —La Practique et Enrichidion des Causes criminelles, par Josse de Damhoudere. *Louvain*,
Wauters et Bathen, 1555 . . . . 1 in-4.

1521. — Benedicti Carpzovii J. C. Practica nova re-
rum criminalium, etc., aucta à Joan. Fam.
Frid. Bohemero. *Francofurti ad Mænum*, Fr.
Varrentrapp, 1758 . . . . 1 in-fol.

1522. — Discours sur l'administration de la justice
criminelle dans la cause d'une femme protestante, et sur les mœurs, par M. Servan. *Ge-*
nève, 1767 . . . . 1 in-12.

1523. — Idées sur les Loix criminelles, par Thoril-
lon. *Paris*, Belin, 1788 . . . . 2 in-8.

1524. — Essai sur la réforme à faire dans notre législation criminelle, par M. Vermeil. *Paris*, Savoye,
1781 . . . . 1 in-12.

1525. — Plan de législation criminelle, par M. Ma-
rat. *Paris*, Rochette, 1790 . . . . 1 in-8.

1526. — Considérations générales sur les délits et les
peines, par J.-M. Dufour. *Paris*, Guerbart . . . . . . 1 in-8.

1527. —Traité des délits et des peines, traduit de l'italien (par Morellet.) *Philadelphie*, 1766...... 1   in-8.

1528. — Traité des délits et des peines, traduit de l'italien (par Chaillou de Lisy.) *Paris*, Bastien, 1773.. 1 in-12.

1529. — Recueil. 1. Opinion du Spectateur français (Delacroix), sur la proposition de supprimer la peine de mort dans notre législation criminelle, et sur les moyens de purifier nos villes et nos campagnes. *Versailles*, Vitry. — 2. Mémoire sur les forçats, par Quentin. *Paris*, Fayolle, 1828. — 3. Nécessité du maintien de la peine de mort, par Urtis, avocat. *Paris*, Levavasseur, 1831. — 4. Observations d'un ancien magistrat sur ces deux questions : la Société, pour sa sûreté et punir un coupable, a-t-elle le droit de le priver de la vie ? etc. *Paris*, Pissin, 1830.—5. Recueil des débats des assemblées législatives de la France, sur la question de la peine de mort, par Charles Lucas. *Paris*, veuve Béchet, 1831........... 1   in-8.

1530. — Du maintien de la peine de mort, par F.-U. Silvela. *Paris*, Rignoux, 1832............ 1   in-8.

1531. —Genesi del Diritto penale, di Gian-Domenico Romagnosi. *Milano*, Agnello Nobile, 1807.... 2   in-8.

1532. — Dei Delitti e delle pene. *Parigi*, Didot, 1780. 1   in-8.

1533. — Des délits et des peines, par Beccaria, traduction nouvelle et seule complète, par P.-J.-S. Dufey (de l'Yonne). *Paris*, Dalibon, 1821..... 1   in-8.

1534. — Réflexions morales sur les délits publics et privés, par M. de La Croix. *Paris*, Arthus-Bertrand, 1807...................... 1   in-8.

1535. — Le livre des récompenses et des peines, traduit du chinois par Abel Résumat. *Paris*, Renouard, 1816..................................... 1   in-8.

1536. — Considérations sur la procédure criminelle, par M. Pagano, traduction de l'italien, par M. de Hillerin. *Paris*, Brunet, 1789.............. 1   in-8.

1537. — Lois pénales, par Dufriche de Valazé. *Alençon*, Malassis, 1784...................... 1   in-8.

1538. — Dictionnaire raisonné des lois pénales de France, par Bourguignon. *Paris*, Garnery, 1811. 3   in-8.

1539. — Code pénal ou recueil des principales ordonnances sur les crimes et délits, par M. de Laverdi, conseiller au parlement. *Paris*, Desaint, 1765. (Le Code pénal, par Prévost, et essai sur l'esprit et les motifs de la procédure criminelle, par de Laverdi)................................ 1   in-12.

1540. — Réflexions sur les lois pénales de France et d'Angleterre, par A.-H. Taillandier. *Paris*, Waré, 1824...................................... 1   in-8.

1541. — Parallèle du Code pénal d'Angleterre avec les lois pénales françaises, par S. Bexon. *Paris*, Fauvelle, au VIII........................... 1   in-8.

1542. — Traité des matières criminelles suivant l'ordonnance d'août 1670, par M. Nicolas Guy du Rouseaud de La Combe. *Paris*, Théod. Legras, 1751.................................... 1   in-4.

1543. — Discours qui a remporté le prix au jugement du juri central d'instruction du département de Vaucluze, sur cette question : Quels sont les moyens de prévenir les délits dans la société? par J.-Cl.-Michel Gilet. *Carpentras*, Proyet, an VII. 1   in-8.

1544. — Institutes au droit criminel, avec un traité
particulier des crimes, par P.-F. Muyart de Vou-
glans. *Paris*, Le Breton, 1757   1   in-4.

1545. — Instruction criminelle suivant les loix et ordonnances du royaume, par M. Muyart de Vou-
glans. *Paris*, Desaint, 1762   1   in-4.

1546. — De l'instruction criminelle, etc., par Carnot.
Paris, Nève, 1812   3   in-4.

1547. — Commentaire sur le Code pénal, etc., par
Carnot. *Paris*, Waré, 1823   2   in-4.

1548. — Traité de la législation criminelle en France,
par J.-M. Le Graverend. *Paris*, imprimerie royale,
1816   2   in-4.

1549. — Observations sur les loix criminelles de
France, par M. Philpin de Piepape. *Paris*, Belin,
1789   1   in-4.

1550. — Code criminel, ou Commentaire de l'ordonnance de 1670, par Fr. Serpillon. *Lyon*, Périsse,
1767   2   in-4.

1551. — Traité de la justice criminelle de France,
par M. Jousse. *Paris*, Debure, 1771   4   in-4.

1552. — Traité de la mort civile, par M. Fr. Riçher.
Paris, Ganeau, 1755   1   in-4.

1553. — De la peine de mort, des travaux forcés,
de la mise en surveillance de la haute-police de
l'Etat; suivi de quelques considérations sur la
mort civile et la déportation, par F. Grosourdy,
D. M., mai 1829. Manuscrit   1   in-4.

1554. — De la justice criminelle en France, d'après
les lois permanentes, etc., par Bérenger. *Paris*,

Lhuillier, 1818 1   in-4.

1555. — Recueil. 1. Des vices et des abus de l'instruction criminelle en France, et des moyens
d'y remédier, par M. Tougard. *Paris*, Brissot-
Thivars, 1820. — 2. Du jury anglais et du jury
français, par Duvergier de Hauranne père.
Paris, Baudouin, 1827. — 3. De l'administration de la justice militaire en France et en Angleterre, par V. Foucher. *Paris*, Anselin, 1825. —
4. Acte du parlement d'Angleterre, du 22 juin
1825, relatif à la formation du jury, traduit par
V. Foucher. *Paris*, Dupont, 1827. — 5. Observations sur le jury, par Philémon Sermet. *Paris*,
Ponthieu, 1827 1   in-8.

1556. — Catéchisme des cours d'assises, ou guide
pratique des jurés, par C. Marchand, avocat.
Paris, Levrault, 1829 1   in-18.

1557. — Code du jury et des élections, par Jules Per-
sin. *Paris*, F. Didot, 1828 1   in-8.

1558. — Code criminel de la république française,
par Saguier. *Paris*, Fauvelle, an VII 1   in-8.

1559. — Projet de Code criminel, correctionnel et
de police, présenté par la commission nommée
par le gouvernement. *Paris*, imprimerie de la
république 1   in-4.

1560. — Observations des tribunaux d'appel sur le
projet de Code criminel. *Paris*, imprimerie de la
république, an XIII 2   in-4.

1561. — Observations des tribunaux criminels sur le
projet de Code criminel. *Paris*, imprimerie impériale, an XIII 6   in-4.

1562. — De la manière de poursuivre les crimes dans les différents tribunaux du royaume (par Jean Meslé), 1739. 2   in-4.

1563. — Méditations sur diverses questions de jurisprudence criminelle, par A. Van-Recum. *Paris*, Farge , 1808. 1   in-8.

1564. — Quelques idées sur les poursuites et procédures criminelles, par Billacoys de Boismont. *Lille* , Danel. 1   in 8.

1565. — Code d'instruction criminelle. *Paris*, Hacquart, 1808. 1   in-8.

1566. — Code d'instruction criminelle, édition originale et seule officielle. *Paris*, imprimerie impériale , 1810. 1   in-4.

1567. — Code criminel, avec instructions et formules, par Julien-Michel Dufour. *Paris*, Arthus Bertrand , 1809. 2   in-8.

1568. — Code des délits et des peines. *Paris*, Hacquart , 1810. 1   in-8.

1569. — Code pénal , édition originale et seule officielle. *Paris* , imprimerie impériale , 1810. 1   in-4.

1570. — Code pénal avec explications , observations, instructions , etc. , par Julien-Michel Dufour. *Paris*, Arthus Bertrand , 1811. 2   in-8.

1571. — Manuel d'instruction criminelle , par Bourguignon. *Paris*, Garnery , 1810. 1   in-4.

1572. — Traité de procédure criminelle , correctionnelle et de police , suivi d'une analyse du Code pénal et d'un formulaire général , par Hautefeuille. *Paris*, Hacquart , 1811. 1   in-4.

1573. — Essai sur le Code pénal, par le baron Bour-
gnon de Layre. *Paris*, Béchet, 1824. — 2. De
la colonisation des condamnés, par Benoiston de
Châteauneuf. *Paris*, Martinet, 1827.   1   in-8.

1574. — Leçons préliminaires sur le Code pénal, ou
examen de la législation criminelle, par Bavoux.
Paris, Ant. Bavoux, 1821.   1   in-8.

1575. — Procédure criminelle instruite au Châtelet de
Paris, sur la dénonciation des faits ar ivés à Ver-
sailles le 6 octobre 1789. *Paris*, Baudouin, 1790.
— Commentaire sur la procédure criminelle du
Châtelet, et rapprochement des dispositions dans
l'affaire des 5 et 6 octobre 1789.   1   in-8.

1576. — Nouvelle procédure criminelle et correctionnelle, par Hautefeuille. *Paris*, Garnery, an VII.   2   in-12.

1577. — Mémoire sur l'institution du jury, par le
citoyen Bourguignon. *Paris*, an X, 1804 et 1808.   1   in-8.

1578. — Réflexions sur l'état actuel du jury, de la liberté individuelle et des prisons, par M. Coutu,
conseiller à la cour royale. *Paris*, Nicolle, 1818.
— Considérations sur le pouvoir judiciaire et sur
le jury, par H. de M***. *Paris*, Rondonneau,
1819. — Réflexions d'un citoyen sur les prisons,
par Alph. Michau. *Paris*, Aimé Comte, 1819.—
Observations sur le jury en France, par J.-M.
Legraverend. *Paris*, Delaunay, 1819. — Coup
d'œil sur le jury, tel qu'il est, etc., par N. J. B.
Paris, Mongie, 1820. — Recherches historiques
sur le jury, par Guernon de Ranville. *Caen*, 1819.
— Explication de l'origine et du secret du vrai
jury et comparaison avec le jury anglais et le jury
français, par J.-B. Selves. *Paris*, Maradan, 1811.

— La mort aux procès. *Paris*, Maradan, 1811.. 1   in-8.

1579. — Tableau des désordres dans l'administration
de la justice, par Selves. *Paris*, Maradan, 1813.
— Calamité judiciaire, suite au Tableau des désordres. *Paris*, 1817......................... 1   in-8.

1580. — Traité de la procédure criminelle devant les
tribunaux militaires et maritimes de toute espèce,
par J. M. Graverend. *Paris*, Garnery, 1808... 1   in-8.

1581. — Le guide des juges militaires, ou recueil des
lois, arrêts et avis du conseil d'état, sur la législation criminelle militaire et maritime, par
M. J.-B. Perrier. *Paris*, Magimel, 1808....... 1   in-8.

1582. — Le Régulateur judiciaire des maires et ad-
joints, d'après la nouvelle législation criminelle,
par J.-Ad. de Podenas. *Agen*, J.-B. Grenier,
1811.. 1   in-8.

1583. — De la justice au 19ᵉ siècle, par Laurentie.
Paris, Boucher, 1822........................ 1   in-8.

1584. — Institution, composition et organisation de
la haute cour de justice, du haut jury, des hauts
juges, etc., des inculpés, prévenus, accusés,
condamnés, par F. Dalize. *Paris*, l'auteur,
an IV... 1   in-8.

1585. — Essai sur l'évidence, l'analogie, la vraisem-
blance, les différentes espèces de certitude, etc.,
suivi d'observations sur l'institution des juris,
par Gispert Dulcat. *Paris*, Brunot, an XIII... 1   in-8.

1586. — Commentaire sur la loi du 15 pluviôse an IX,
portant établissement du tribunal criminel spécial, par le citoyen Rey, an IX.............. 1   in-8.

1587. — Traité de la séduction, par M. Fournel.

Paris, Demonville, 1781................... 1 in-12.

1588. — Traité de l'adultère, par Fournel. *Paris*,
Demonville, 1783....................... 1 in-12.

1589. — Traité des enfans naturels, adultérins, in-
cestueux et abandonnés, par Loiseau. *Paris*,
J. Antoine, 1811....................... 1 in-8.

1590. — Tractatus juridicus de jure occidendi pre-
hensum in adulterio, quatenùs patri et marito
competit, authore Johanne Zeithopf. *Lipsiæ*,
Ritzsch, 1667........................ 1 in-4.

1591. — Le Pornographe, ou idées d'un honnête
homme sur un Projet de réglement pour les pro-
stituées, etc., (par Rétif de La Bretonne). *Londres*, J. Nourse. *La Haye*, Gosse, 1769....... 4 in-8.

1592. — Traité des injures dans l'ordre judiciaire,
par Fr. Dareau. *Paris*, Prault, 1775......... 1 in-12.

1593. — Essai sur un point important de la législation
pénale, à l'occasion d'une cause d'infanticide jugée
à Dijon, le 29 pluviôse an X. *Dijon*, Defay, an X.. 1 in-8.

1594. — De la législation criminelle de l'armée française, considérée dans tous ses rapports. Plan
général d'un Code militaire pénal, par J.-B.
Goupy. *Paris*, Prault, 1792.............. 1 in-12.

1595. — Andreæ Alciati de singulari certamine Liber.
Lugduni, Theobald Paganus, 1545......... 1 in-8.

1596. — Traitez et Advis de quelques Gentils hommes françois sur les duels et gages de bataille,
par MM. Olivier de La Marche, J. de Villiers,
Hardouin de La Jaille. *Paris*, Richer, 1586.. 1 in-8.

1597. — Dissertation historique sur les duels et les

ordres de chevalerie, par Jacq. Basnage. *Basle*,
J. Christophe, 1740.......................... 1 in-12.

1598. — 1. Essai historique et critique sur le duel d'a-
près notre législation et nos mœurs, par le chevalier J. A. Brillat de Savarin. *Paris*, Caille et
Ravier, 1819.—2. Projet de Législation sur les
duels, par Ricard d'Allauch. *Paris*, Béchet,
1819. — 3 et 3 *bis*. Deux Dissertations sur le
duel, destinées aux Ecoles de Droit, par J. P.
Maffioli. *Paris*, A. Bertrand, 1822, 1829. —Et
4. Pétition à la Chambre des Députés, ten-
dante à obtenir une loi contre le duel, par
Ponchon. *Lyon*, Durand, 1823. — 5. Considérations sur le sacre de Charles X, sous le rapport du duel. *Paris*, A. Bertrand, 1825. —
6. Du Duel sous le rapport de la morale, etc.,
et de l'opportunité d'une loi répressive, par
Ch. Bataillard; suivi du combat et duel des
seigneurs de La Chasteneraye et Jarnac, raconté
par Scip. Dupleix, C^{er} de Louis XIII. *Paris*,
Lecointe, 1829. — 7. Essai sur le duel et sur
les lois qui le concernent, par le baron de
Seckendorf, *Strasbourg*, Schuler, 1831....... 1 in-8.

1599. — Le Duel en jurisprudence et en législation, etc., par Pinet, avocat à la Cour royale.
Paris, Warée, 1829....................... 1 in-12.

DROIT DE DIVERS PEUPLES.

1600. —Codicis Legum Wisigothorum libri 12. *Parisiis*, Sebast. Nivell. 1599................ 1 in-fol.

1601. — Leges Svecorum Gothorumque per D. Ra-
gualdum Ingemundi. *Stokolmiæ*, Reusner,

1614... 1   in-4.

1602. — Sueciæ regni Leges provinciales à Carolo IX. Sueonum Gothorum..... Rege confirmatæ, et publicatæ à Johanne Loccenio. *Londini*, Scanorum Haberegger, 1675.................... 1 in-12.

1603. — Regis Christiani quinti jus Danicum latinè redditum ab Henrico Weghorst. *Hafinæ*, Smetgen, 1698...................... 1   in-4.

1604. — Institution du Droit belgique par rapport tant au 17 Provinces qu'au pays de Liège, par M. Georges de Ghewiet. *Lille*, Ch. Maurice Cramé, 1736...................... 1   in-4.

1605. — Dionysii Godefridi Van der Keessel, Theses selectæ juris Hollandici et Zelandici. *Lugd. Bat.*, Luchtmans, 1800...................... 1   in-4.

1606. — Specimen Juridicum inaugurale de actione exercitoriâ, Theses, etc., defendit Willen Jan Cornelis Van Hasselt. *Leidæ*, Cyfveer, 1820... 1   in-4.

1607. — Arrêts du Grand Conseil de S. M. Imp. et Cath. résidant en la ville de Malines, recueillis par de Humayn. *Lille*, Henry, 1773, 2 tom. en 1   in-4.

1608. — Thesaurus dissertationum juridicarum selectissimarum in Academiis Belgicis habitarum. *Bremæ* et *Lipsiæ*, Cramer, 1762; 6 tomes en 2   in-4.

1609. — Thesaurus novus dissertationum juridicarum selectiss. in Academiis Belgicis habitarum, curante Gerhardo Oelrichs. *Bremæ*, Cramer, 1771........................ 4 tomes en 2 in-4.

1610. — La Jurisprudence des Pays-Bas et Autrichiens établie par les arrêts du Grand Conseil

de S. M. Imp. et Cathol. , recueillis par Remi
Albert du Laury, et publiés par Pierre Claude
Marie de Sainct-Vaast. *Brusselle* , T'serstevens,
1717.................................... 1 in-fol.

1611. — Instructions touchant la jurisdiction volontaire pour les Tribunaux de première instance
établis aux Pays-Bas autrichiens. *Bruxelles* , B.
Le Francq, 1787 .... 1 in-8.

1612. — Réglement de la Procédure civile pour les
Pays - Bas autrichiens. *Bruxelles* , Pauwels,
1787.................................. 1 in-8.

1613. — Recueil contenant les Edits et Réglemens
faits pour' les Pays de Liège et comté de
Looz, etc., par M. M. G. de Louvrex. *Liège*,
Everard Kints, 1750-1752............... 4 in-fol.

1614. — El Cesoro de los Privilegios dela villa de
Brussellas............................ 1 in-fol.

1615. — Consuetudines Bruxellenses latinè et gal-
licè, etc., accedunt jura et consuetudines su-
premæ curiæ feudalis Brabantiæ, studio et
operâ J. B. Chrisyn. *Bruxellis* , de Dobbeleer,
1689................................ 1 in-fol.

1616. — Melchioris Goldasti Heiminsfeldii de regni
Bohemiæ incorporatarumque provinciarum juribus ac privilegiis curâ Johan Herman Schmi-
nekii. *Francof. ad Mæn.* Dom. à Sande , 1719. 1 in-fol.

1617. — Tripartitum opus juris consuetudinarii in-
clyti regni Ungariæ Stephani Werbeuzi, etc.,
Viennæ Austriæ, 1628........ .3 tomes en 1 in-fol.

1618. — Corpus juris Hungarici, etc., authore Ste-
phano de Werboecz, etc. *Tyrnaviæ*, typ. S.

Jes. 1751................ .... 2 in-fol.

1619. — Statuta regni Poloniæ in ordinem alphabeti
digesta à Joanne Herburto de Fulstin. *Samoscii*,
Mart. Leuscius, 1597..................... 1 in fol.

1620. — Droit public des duchés de Courlande et de
Sémigalle, par Christ. Georg. de Ziegenhorn.
Konisberg, Ranter, 1772.................... 1 in-fol.

1621. — Instructions adressées par S. M. L'Impéra-
trice de toutes les Russies à la Commission établie pour travailler à l'exécution du projet d'un
nouveau Code de loix (par Frey des Landres),
traduit de l'allemand. *Iverdon*, 1769........,... 1 in-12.

1622. — Ordonnance de Catherine II pour l'administration de l'empire de Russie, traduite du russe
par C. G. Arndt. *Saint-Pétersbourg*, 1776.... 1 in-4.

1623. — Ordonnance de police pour l'empire de
Russie. *Saint-Pétersbourg*, 1782........... 1 in-4.

1624. — Code des Lois des Gentoux, ou Réglemens
des Brames, traduit de l'anglais (de Halher)
d'après les versions faites de l'original écrit en
langue samskrete. *Paris*, Stouppe, 1778..... 1 in-4.

1625. — Ta Tsing-leu-lée, ou les Lois fondamentales du Code pénal de la Chine, avec le choix
de statuts supplémentaires; traduit du chinois
par G. Th. Staunton, et mis en français par Félix Renouard de Sainte-Croix. *Paris*, Lenormant, 1812 .... 2 in-8.

1626. — Project des Codicis Fridericiani Marchici,
ou Réglement de la Chambre de justice, pro-
jeté d'après le plan prescrit par S. M. le Roi de
Prusse. *Berlin*, Christ. Albrecht, Gabert, 1748

(en allemand)........................... 1 in-fol.

1627. — Jus Culmense correctum unà cum processu juris pro diocæsi Varimensi, etc. , auctore Thomas de Thomassetis. *Brunsbergæ*, 1711...... 1 in-fol.

1628. — Projet du corps de Droit-Frédéric, ou corps de Droit pour les États de S. M. le Roi de Prusse, 1751.......................... 2 in-8.

1629. — Code Frédéric , ou corps de Droit pour les États du Roi du Prusse , traduit de l'allemand, par A. A. de C. (attribué à Samuel de Cocceji), 1751.................................. 3 in-8.

1630. — Code général des états Prussiens (en allemand). *Berlin*, Decker, 1794.............. 4 in-8.

1631. — Code général pour les états prussiens (rédigé en allemand par de Carmer, Klein et Suarez, traduit en français par Brosselard, Weiss et Le Mière). *Paris*, Impr. de la République, ans XI et X..................2 tomes en 5 in-8.

1632. — Code de commerce prussien (en allemand). *Dortmund*, 1800...................... 1 in-8.

1633. — M. Hen. Gribneri Principia processûs judiciarii. Accedunt conformatio et differentiæ juris quod viget hodiè in terris Brandenburgicis. *Jenæ*, Cuno, 1769...................... 1 in-4.

1634. — Christiani Thomasii Cautelæ circa præcognita jurisprudentiæ. *Halæ Magdeb.* , Renger, 1710................................. 1 in-4.

1635. — Regolomento del nuovo Codice del commercio in tutto lo Stato Pontificio. *Romæ*, 1821.. 1 in-8.

1636. — Statuta Almæ urbis Romæ, auctoritate S. D.

N. D. Gregorii Papæ XIII à senatu populoque reformata. *Romæ*, 1580.................. 1 in-fol.

1637. — Leggi e Costituzioni di S. M. da osservarsi nelle materie civili e criminali ne Stati della M. S. tanto di qua che di la Monti e colli (italien et françois). In *Torino*, Gio. Battist. Valetta, 1723.......................... 1 in-fol.

1638. — Leggi e Costituzioni di Sua Maesta (le Roi de Sardaigne) (italien et françois). *Torino*, Gio. Bat. Chaos, 1729....................... 2 in-4.

1639. — Leggi e Costituzioni di Sua Maesta. Loix et Constitutions de Sa Majesté (le Roi de Sardaigne). *Torino*, Stamperia Reale, 1770........ 2 in-4.

1640. — Lois et Constitutions de S. M. le Roi de Sardaigne, publiées en 1770. *Paris*, Le Jai, 1771. 2 in-12.

1641. — Statuta Legum ac jurium Venetorum, studio Rizzardi Griffy. *Venetiis*, Duc. Pinell., 1691.. 1 in-4.

1642. — Collezione delle Leggi et de' Decreti reali del regno di Napoli, anno 1815 à 1822. *Napoli*, dalla Stamp. Reale, 1821-1823. — Codice per lo regno delle due Sicilie (les 5 Codes en 5 parties). *Napoli*, ediz. uffiziale dalla Stamp. Reale, 1819-1822,.... en tout 20 tomes en 16 in-8.

1643. — Legum Taurinarum à Ferdinando et Joana Hispaniarum regibus promulgatarum glosa a Ludovico Valazquez de adventano. *Toleti*, Joan. et Petr. Rodriguez, 1588................ 1 in-fol.

1644. — Origine della popolazione di S. Leucio e suoi progressi fino al giorno d'oggi Leggi corrispondenti al buon governo di essa di Ferdinando IV re delle Sicilie (cum versione latinâ

Vincentii Lupoli). *Napoli*, 1879........... 1   in-8.

1645. — Ordenanza di S. M. Paral el mejor methodo
de conservar los pertrechos de los vageles de la
Réal Armada y mando militar de los Arsenales
dè Marina. *Madrid*, P. Marin, 1772........ 1   in-4.

1646. — Que he o Codigo civil? etc., o 'D⁰ʳ Vicente
Josè Ferreira Cardozo da Costa (en portugais).
Lisboa, Galhardo, 1822............... 1   in-4.

1647. — Codigo de Comercio decredo, etc., en
30 mayo 1829. *Madrid*, Razola, 1829....... 1   in-4.

1648. — Ordenanzas de S. M. Para el Govierno militar politico y economico de su Armada naval.
Madrid, J. de Zuniga, 1748.............. 2   in-4.

1649. — Las siete Partidas del sabio Rey D. Alonso IX
nuevamente glosadas, por el licenciado Greg.
Lopez. En *Madrid*, Hafrey, 1610-1611...... 2 in-fol.

1650. — Fueros y Leyes del regno de Navarra, pro-
mulgadas el anno 1685, recopiladas por el licenciado D. Antonio Chavier. *Pamplona*, Zabala,
1686.................................. 1 in-fol.

1651. — Novissima recopilacion de la Leyes de Es-
pagna. *Madrid*, 1805-1829............... 6 in-fol.

1652. — Didaci Covarruvias Opera omnia, accesserunt notæ uberiores Jo. Uffetii in variarum resolutionum libros. *Lugd.* Boissat, 1661...... 1 in-fol.

1653. — Leges Palatinæ ex veteri Aragonicæ domùs
disciplina in aureo annorum CCCLX Codice
descriptæ à Jacobo II, Rege Majoricarum observationibus illustratæ, editæ à Daniele Pape-
brochio. *Antuerpiæ*, Henric. Thieullier, 1699. 1 in-fol.

1654. — Législation orientale de M. Anquetil Duperron. *Amsterdam.* M. M. Rey, 1778   1   in-4.

1655. — Édits de la République de Genève. *Genève*,
de Tournes, 1735   1   in-8.

1656. — Des anciens Gouvernemens fédératifs et de
la Législation de Crète. *Paris*, Jansen, an VII.   1   in-8.

1657. — Projet de Constitution helvétique, en italien
et en français   1   in-8

1658. — Du Système pénitentiaire en Europe et aux
États-Unis, par Ch. Lucas. *Paris*, Bossange,
1828   2   in-8.

1659. — Du Système pénal et du Système répressif
en général, de la peine de mort en particulier,
par Ch. Lucas. *Paris*, Béchet, 1827   1   in-8.

1660. — Lettre de l'auteur du Concours ouvert à Genève en 1826 en faveur de l'abolition de la
peine de mort (par Ch. Lucas). *Genève*, Lador,
1827   1   in-4.

1661. — Joannis de Solorzano Pereira, Disputatio
de Indiarum jure. *Matriti Franc.* Martinez, 1629.   2   in-fol.

1662. — Constitutions des treize États-Unis de l'Amérique (par le duc de la Rochefoucault). *Philadelphie, Paris*, Pierres et Pissot, 1783   1   in-4.

1663. — Constitutions des principaux États de l'Europe et des États de l'Amérique, par Dela-
croix. *Paris*, Buisson, 1793 et an III.   6   in-8.

1664. — Collection des Constitutions, chartes et lois
fondamentales des peuples de l'Europe et des
deux Amériques, etc., par Dufau, Duvergier et
Guadet. *Paris*, Béchet, 1823   6   in-8.

1665. — Esprit, origine et progrès des institutions
judiciaires des principaux pays de l'Europe, par
J.-D. Meyer. *Paris*, Dufour, 1823 5   in-8.

1666. — A defence of the constitutions of governe-
ment of the united states of America by John
Adams. *London*, Dilly, 1787 2   in-8.

1667. — Défense des constitutions américaines, etc.,
par John Adams, traduit par Delacroix. *Paris*,
Buisson, 1792. 2   in-8.

1668. — Project of a new penal Code for the stat of
Louisiana, by Edward Livingston. *London*. Bald-
win, etc., 1824 (p. vél.) 1   in-8.

1669. — Examen du gouvernement d'Angleterre comparé aux constitutions des États-Unis; trad. de
l'anglais et accompagné de notes, par Condor-
cet, etc. *Paris*, Froullé, 1789 1   in-8.

1670. — Loix et constitutions des colonies françoises
de l'Amérique sous le vent, etc., par M. Mo-
reau de Saint-Méry. *Paris*, Quillau, etc. (Mar. R.) 5   in-4.

1671. —— Un 2ᵉ exemplaire en 6   in-4.

1672. — Dissertation sur la traite et le commerce des
nègres (par J. Bellon de Saint-Quentin), 1764. 1   in-12.

1673. — Traité sur le gouvernement des esclaves,
par M. Petit. *Paris*, Knapen, 1777 2   in-8.

1674. — Discours sur l'esclavage des nègres et sur
l'idée de leur affranchissement dans leurs colo-
nies. *Paris*, Hardouin, 1786 1   in-8.

1675. — Adresse de la société des Amis des Noirs à
l'assemblée nationale, par E. Clavière. *Paris*,
Bailly, 1791 1   in-8.

1676. — The history of the rise, progress., etc., of the abolition of the African Slave trade; by Th. Clarkson. *London*, Tayler, 1808 2   in-8

1677. — Précis historique de la traite des noirs et de l'esclavage colonial, par J. Morenas. *Paris*, J. Didot, 1828 1   in-8.

1678. — Essai sur les désavantages politiques de la traite des nègres, par Clarkson, traduit de l'anglais par Gramagnac. *Neufchâtel*, 1789 1   in-8.

1679. — The debate on a motion for the abolition of the Slave trade in the house of commons. *London*, Wodfall, 1792 1   in-8.

1680. — An Abstract of the evidence delivered, before a select committee of the house of commons on the part of the petitioners for the abolition of the Slave trade. *London*, James Phillips, 1791 1   in-8.

1681. — P. Stephani Rauttenstrauch institutiones juris ecclesiastici usibus. Germaniæ *Pragæ* (sans date) 1   in-8.

1682. — Ignatii Mulzer præcognita in jurisprudentiam positivam Germanorum. *Francof* et *Lipsiæ*, Gœbhart, 1770 1   in-8.

1683. — Juris publici ecclesiastici pars generalis de ecclesiâ christianâ potestatisque sacræ cum civili nexu. Operâ Georg. Sigismundi Lackis. *Viennæ*. Græffer, 1775 1   in-8.

1684. — Præcognita juris ecclesiastici universi, operâ Goerg. Sigism. Lackics. *Viennæ*, Græffer, 1775.   1   in-8.

1685. — Guil. Frider. Francisci Buddei opuscula, complect. Academicas Goettingenses. *Gothæ*, Reyher, 1759 1   in-8.

DROIT ALLEMAND.

N° d'ordre.   Vol. Format.

1686. — Traité historique et politique du droit public de l'empire d'Allemagne (par le Coq de
Villeray.) *Paris*, Laurent d'Houry, 1748....... 1   in-4.

1687. — Representatio Reip. Germanicæ , sive tractatus varii de sac. Romano Germanici. Imper. regimine. Norimbergæ, operâ et studio Wolgangi,
1657 1   in-4.

1688. — De levis notæ macula secundum jus germanicum dissertatio. — De Germanorum erga fœ-
minas observàntia à Jo. Frid. Plitt. Marburgi.
Cattorum Bayroffer , 1784................2 cah. in-4.

1689. — Archives de l'empire d'Allemagne et partie
générale avec sa continuation qui comprend un
corps complet de droit public de l'empire d'Allemagne , par Joh. Christ. Lunig. *Leipsig*. Her.
Lankisch, 1713. .... 3o in-fol.

1690. — Pandectæ jurispublici imperii Romano-Germanici, etc. Philipp. Andræm Oldenberger. *Genevæ* , 1670............................ 1 in-fol.

1691. — Codex Germaniæ diplomaticus (par J. Chrétien Lunig). *Francofurti*, Frider. Lanctischen-
serben , 1732. Germanicè et Latinè.......... 1 in-fol.

1692. — Vitriarius illustratus, seu institutiones jurispublici Romano-Germanici ante hac à Philippo
Reinhardo Vitriario , editæ et notis auctæ à
Joann. Friderico Pfeffingero. *Gothæ* , Mevius,
1731.

— Christiani Gotlieb Riccii Repertorium locu -

pletissimum in Joh. Friderici Pfeffingeri corpus jurispublici. *Francof. ad Mœnum*, Varentrapp, 1776.. 5   in-4.

1693. — Joannis Friderici Pfeffingeri corpus juris publici ad ductum institutionum juris publici Philippi Reinhardy vitriarii. Francofurti ad Mænum. Franc. Varrenhapp., 1754. Cum Riccii repertorio 5   in-4.

1694. — Traité sistématique touchant la connaissance de l'état du Saint-Empire romain, de la nation allemande, ou droit public de cet empire. *Hanovre*, Schlüter, 1751.................. 4   in-8.

1695. — Institutions au droit public d'Allemagne (par Gérard de Rayneval et Ehrlen.) *Leipsic*, 1756.. 1   in-8.

1696. — Droit public d'Allemagne, par J. Chrétien Majer. *Leipsic*, 1775. (Allemand)........., 3   in-8.

1697. — D. Jo. Jac. Mascovii principia juris publici imperii Romano-Germanici. *Lipsiæ*, Schuster, 1738...................................... 1   in-8.

1698. — D. Jo. Jac. Mascovii principia juris publici imperii Romano-Germanici aucta studio D. Henr. Gotll. Franckii. *Lipsiæ*, Breilkopf, 1769 1   in-8.

1699. — Severini de Monzambano verowens. de statu imperii Germanici, ad Lælium fratr. Domin. Trezolani. *Veronæ*, Giulius, 1668............. 1   in-12.

1700. — Joannis Stephani Pütteri institutiones juris publici Germanici. *Gœttingæ*, Vandenhœck, 1776...................................... 1   in-8.

1701. — Joannis Stephani Pütteri institutiones juris publici Germanici. *Gœttingæ*, Vidua Vandenhœck, 1782...................................... 1   in-8.

1702. — Joannis Heumanni initia juris politiæ Germanorum. *Norimbergæ*, Locknerus, 1757...... 1 in-8.

1703. — D. Dan. Nettelbladt præcognita jurisprudentiæ positivæ generalia. *Halæ Magdeburgicæ*, Renger, 1759...................... 1 in-8.

1704. — Danielis Nettelbladt Systema elementare jurisprudentiæ positivæ Germanorum communis
generalis. *Halæ*, Renger, 1781............. 1 in-8.

1705. — Dan. Nettelbladt nova Introductio in jurisprudentiam positivam Germanorum commu-
nem. *Halæ Magd.*, Renger, 1772.......... 1 in-8.

1706. — Le Droit public Germanique, où l'on voit
l'état présent de l'Empire (par M. Mauvillon).
Amsterdam, Mortier, 1749 .... 2 in-8.

1707. — Droit public de la Confédération germanique, par Johann. Ludwig Klüber (en allemand).
Frankfurt, A. M. Buchhandlung, 1831...... 1 g. in-8.

1708. —Mémoires instructifs sur la vacance du trône
impérial, les droits des électeurs de l'Empire, etc., par le baron D***. *Amsterdam*,
Mortier, 1745........................ 1 p^{t}in-8.

1709. — Représentation impartiale de ce qui est juste
à l'égard de l'élection d'un Roi des Romains
selon les lois et coutumes du Saint-Empire
Romain. *La Haye*, 1751................ 1 in-8.

1710. —D. Georgii Beyeri delineatio juris Germanici
ad fundamenta sua revocati, curâ Christiani Go-
dofredi Hoffmanni. *Lipsiæ*, in officinâ Gros-
sianâ, 1740........................ 1 in-4.

1711. — Jo. Geor. Crameri Commentarii de juribus
et prerogativis nobilitatis avitæ ejusque pro-

13.

batione ex institutis Germanorum. *Lipsiæ*, Hilscher.............................. 1   in-4.

1712. — Von Teutschland und dessen Staats-Verfassung uberhaupt..... de l'Allemagne et de sa Constitution politique, par J. J. Moser. *Stuttgart*. J. Bapt. Mezler, 1766 et 69........... 5   in-4.

1713. — Supplément au nouveau Droit public d'Allemagne (en allemand), par J. J. Moser. *Francfort* et *Leipsig*, 1742..................... 2   in-4.

1714. — Collectio Constitutionum imperialium, hoc est D. D. N. N. imperatorum Cæsarum Augustorum ac Regum sacri imperii Romano-Theutonici, studio Melchioris Goldasti Haiminsfeldio. *Francofurti ad Mœnum*, Antonius Heinscheidtius, 1713................. 4 tomes en 2 in-fol.

1715. — Speculum Saxonicum sive Collectio Legum cum Summariis, auctore Christophoro Zobel (en allemand). *Leipsick*, 1582........... 1 in-fol.

—— Dans le même volume : Droit de la Saxe, avec le texte et la glose mis en ordre, par Melchior Klingen. *Leipsick*, 1577.

1716. — Collection des Loix fondamentales des traités de paix du Saint-Empire Romain (en allemand), par Jean Georges Gritsch. *Ratisbonne*, Courard Peetz et Bader, 1737 et 1738....... 2   in-4.

1717. — Capitulation harmonique de M. Müldener, continuée jusqu'au temps présent; ou traduction exactement littérale et mot pour mot, et concordance générale de toutes les Capitulations des Empereurs. *Paris*, Hippolyte Louis Guérin, 1750.............................. 1   in-4.

1718. — La Capitulation de l'Empereur Charles VII,
avec des remarques instructives touchant l'état
et le gouvernement actuel de l'Empire, etc. ,
par le baron de Spon. *Francfort-sur-le-Mein* ,
Franç. Warentrapp, 1742 1   in-4.

1719. — History of the late Revolution in the Dutch
Republic. *London*, Edwards, 1789 1   in-8.

1720. — Code criminel de l'Empereur Charles V,
vulgairement appelé *la Caroline* (par Vogel).
Maestricht, J. Edme Dufour, 1779 1   in-4.

1721. — Jo. Samuelis Friderici Böhmeri Elementa
jurisprudentiæ criminalis. *Halæ Magdeburgiæ*,
Fritsch, 1738 1   in-8.

1722. — Jo. Samuelis Friderici de Boehmer Elementa
jurisprudentiæ criminalis. — Accessit constitutio criminalis Caroli V. *Halæ* , Orphanotro-
pheus, 1774 1   in-8.

1723. — Cautio criminalis, seu de Processibus contrà
Sagas, lib. Magistratibus Germaniæ hoc tem-
pore summè necessarius (à Friderico Spée).
Solisbaci , Endterus, 1695 . . . . 1 in-12.

1724. — Corpus juris militaris auctum et emendatum,
ou Droit complet de la guerre des grands po-
tentats de l'Europe (en allemand). *Francfort-sur-
le-Mein*, J. Völcters, 1709 1   in-4.

1725. — Editto politico di Navigazione marcantile
Austriaca, il di 25 aprile 1774. *Trieste*, 1804 . 1   in-4.

1726. — Manuel du Droit autrichien, à l'usage des
juges et des avocats (en allemand), von J. M.
Edlen V. Zimmerl. *Vienne*, Erben , 1822 2   in-8.

1727. — Sanctio Pragmatica Germanorum illustrata,

edente Christophoro Guilielmo. Koch. *Argento-rati*, Rolland et Jacob, 1789.............. 1   in-4.

1728. — Actes d'accusation dans l'affaire des faux billets de la Banque de Vienne. *Strasbourg*, Levrault, 1806........................... 4   in-8.

DROIT ANGLAIS.

1729. —John Clarke's Bibliotheca Legum, or : Complete Catalogue of the common and statute Laws-books of the united Kingdom. *London*, Clarke, 1824........................... 1 in-12.

1730. — The Decisions of the Lords of Council and session, in most cases of importance, for 1714-1715. Observed by Alexander Bruce. *Edinburgh*, Moncur, 1720.— Remarkable Decisions of the court of sessions from 1716 to' 1728. *Edinburgh*, Ruddiman, 1728.............. 1 in-fol.

1731. — The History of the Pleas, of the Crown (historia placitorum coronæ) by Matthew Hale, published, by Sollom Emlyn in the *Savoy*, Nutt, 1736........................... 2 in-fol.

1732. — Anthony Fitz-Herbert's the New Natura Brevium.With a commentary, by lord Chief Justice Hale. in the *Savoy*, Lintot, 1755........ 1   in-4.

1733. — The Jurisdiction of the Lords House of Parliament, by lord Chief Justice Hale, by the editor Francis Hargrave. *London* , Cadell , 1796. 1   in-4.

1734. — Lex Coronatoria : or the Office and Duty of Coroners , by Edward Umfreville. *London*, Griffisths, 1761........................... 2   in-8.

1735. — A Treatise on the Law of the Prerogatives of the Crown, by John Chitty. *London*, Butterworth, 1820............................ 2   in-8.

1736. — A Treatise of the Pleas of the Crown, by William Hawkins, arranged by John Curwood. *London*, Sweet, 1824..................... 2   in-8.

1737. — The Peerage of England; containing a genealogical and historical account of all the Peers of England, by Arthur Collins. *London*, Gosling, 1735...................... 3 tomes en 4   in-8.

1738. — Tracts Chiefly relating to the Antiquities and Laws of England, by William Blackstone. *Oxford*, Clarendon, 1771................... 1   in-4.

1739. — An Historical Dissertation concerning the antiquity of the English Constitution, by Gilbert Stuart. *London*, Cadell, 1770.......... 1   in-8.

1740. — Historical Law - Tracts (by Home, lord Kaimes). *Edinburgh*, Kinkaid, 1761......... 1   in-8.

1741. — Historical Law-Tracts. *Edinburgh*, Cadell, 1776...................................... 1   in-8.

1742. — Of the Lawes of ecclesiastical politie, by Richard Hooker. *London*, Basset, 1723...... 1 in-fol.

1743. — Christian politics, by Ely Bates. *London*, Whittingham, 1806....................... 1   in-8.

1744. — A Pratical Treatise on the Duties of Churhwardens (marguilliers), by R. B. Anderdon. *London*, Clarke, 1824......... 1   in-8.

1745. — Observations on the more ancient Statutes from magna Charta to the twenty first of James I, by hon daines Barrington. *London*,

vrage extrait des manuscrits de Jérém. Bentham, jurisconsulte anglais, par Étienne Du-
mont. *Genève*, Paschoud, 1816.   2   in-8.

1749. — The Speeches of Ch. J. Fox in the House of
Commons. *London*, Longmann, 1815.   6   in-8.

—— *Idem.* —— W. Pitt. *London*, Longmann,
1817.   3   in-8.

1750. — The Speeches of the honorable Thomas
Erskine, etc., collected by James Ridgway,
1810-1812.   5   in-8.

1751. — The Speeches of Richard Brinsley Scheridan.
London, P. Martin, 1816.   5   in-8.

1752. — Speeches of George Canning, With Me-
moir of his life, by R. Therry. *London*, Rid-
gway, 1830.   6   in-8.

1753. — The Parliamentary history of England, from
the Carliest period to the year 1803. *London*,
Hansard, 1806, 1820, ... 36   in-8.

1754. — The Parliamentary Debates from the year
1803, to the present time 1820; publ. by T. C.
Hansard. *London*, 1812, 1820, print. for
Longmann 41   in-8.

1755. —— New series, 1820, 1830. 25   in-8.

1756. — Hansard's analytical Parliamentary Digest
from 1803 to 1830. *London*, Baldwin, 1832,
2ᵉ partie du vol. 1ᵉʳ.   1   in-8.

1757. — Hansard's Parliamentary Debates. — Third
series for the year 1830 to 1831. *London*,
Baldwin, 1831.   6   in-8.

DOCUMENS POUR LE PARLEMENT D'ANGLETERRE,

en 437 volumes in-fol. (1);

SAVOIR :

N° d'ordre.

1758. — Première série. — *Sessions de 1801-1826.*

Vol. N° d'ordre.

Accounts and Papers. — Public accounts and accou-
———— tants................................... 1er.

———— Public accounts of Ireland........... 2 à 5.

———— Academical society — Arms.......... 6.

———— Army................................. 7 à 11.

———— Army and army agents.............. 12.

---

(1) Cette précieuse collection a été envoyée par le président de la Chambre des Communes d'Angleterre à M. Girod de l'Ain, président de la Chambre des Députés, pendant la durée de la session de 1831, pour la bibliothèque; elle se divise ainsi :

Sessions de 1801 *à* 1826.

1re Série .... 155 vol.
2e Série .... 139 —
3e Série .... 15 —

Les tomes 153 et 154 contiennent un *Index général* pour ces trois séries. A partir de la session de 1827, les matières sont classées par session avec un *Index* au dernier volume de chacune d'elles :

Celle de 1827, ouverte le 21 nov. 1826, close le 2 juillet 1827, a 26 vol.
———— 1828, ———— 29 janv.   ———— 28 juillet 1828, a 27 —
———— 1829, ———— 5 fév.   ———— 24 juin 1829, a 26 —
———— 1830, ———— 5 fév.   ———— 23 juin 1830, a 33 —
———— 1831, — ——— 26 octob. 1830, ———— 22 avril 1831, a 16 —

En tout... 437 vol.

Deuxième Série. — *Sessions de 1801 à 1826.*

Troisième Série.

N° d'ordre.   Vol. Format.

1759. — Parliamentary abstracts, containing the substance of all important papers laid before the
two Houses of Parliament during the session of
1825-1827. . . . . 3 in-8.

1760. —Parliamentary review, session of 1825-1827. 3   in-8.

1761. — Recueil des Discours de George Canning,
traduits par Haudry de Janvry. *Paris*, Tenré,
1832. 2   in-8.

1762. ——— Un 2ᵉ exemplaire. 2   in-8.

1763. — The Speeches of Henry Grattan. *London*,
Longman, 1822. 4   in-8.

1764. — Miscellaneous Works of Henry Grattan.
London, Longman, 1822. 1   in-8.

1765. — De Laudibus Legum Angliæ. Written origi-
nally in latin by sir John Fortescue, translated
into English, etc., by Selden. *London*, Lintot,
1741. . . . . 1 in-fol.

1766. —Jus Parliamentarium, or the ancient power,
etc., of the most high court of Parliament, by
William Petyt. *London*, Nourse, 1739. . . . . 1 in-fol.

1767. — Dissertation historique sur l'ancienne Constitution des Germains, Saxons et habitans de la
Grande-Bretagne, traduite de Gilbert Stuart,
par M. A. M. H. Boulard. *Paris*, Maradan,

an II (1794)........................... 1   in-8.

1768. — De Laudibus Legum Angliæ, by sir John
Fortescue; with preface by Francis Gregory.
London, Evans, 1775.....................   1   in-8.

1769. — The Representative history of Great Britain
and Ireland; Being a history of the House of
Commons, etc., by T. H. B. Oldfield. *London*,
Baldwin, 1816......................... 6   in-8.

1770. — Laws concerning the election of Members of
Parliament, with the determinations of the
House of Commons, etc., by a Gentleman of the
Inner Temple. *London*, Owen, 1780.........   1   iu-8.

1771. — The History of the cases of controverted
elections, by Silvester Douglas, lord Glenbervie.
London, Hansard, 1802................... 4   in-8.

1772. — The ancient Method and Manner of Hol-
ding Parliaments in England, by Henry Elsynge.
London, Dring, 1675.................... 1 in-12

1773. — The Privileges of the Houses of Lords and
Commons, by Arthur earl of Anglesey. *London*,
Nutt, 1702............................ 1 p^t in-8.

1774. — Histoire critique du Gouvernement de la
Grande-Bretagne, traduite de l'anglais de
Higgons. *La Haye*, Johnston, 1730....... 1   in-8.

1775. —Debates of the House of Commons, from the
year 1667 to 1694, collected by Anchitell Grey.
London, Henry 1763....................10   in-8.

1776. — The Parliamentary debates, from the year
1803 to the present times, published by Hansard, (T. C.) *London*, 1812-1815 du tome
24 à 29............................... 6   in-8.

1777. —The Parliamentary or Constitutional History
of England. *London*, Osborne, 1751......... 1   in-8.

1778. — Manuel du Droit parlementaire, ou Précis
des règles suivies dans le Parlement d'Angleterre, etc., par Th. Jefferson, traduit par L. A.
Pichon. *Paris*, Nicolle, 1814............. 1   in-8.

1779. —Recueil des Discours prononcés au Parlement
d'Angleterre, par C. J. Fox et W. Pitt, traduit
de l'anglais par MM. Houdry de J..... et L. P.
de Jussieu. *Paris*, Lenormant, 1820 (six collections)........................12   in-8.

1780. — 1. Traduction des Débats du Parlement
d'Angleterre relativement au bill septennal en
1716, par A. F. Fayot. *Paris*, Plancher, 1820.
— 2. La Septennalité du Parlement d'Angleterre, etc., suivie des Opinions de Tindal,
Smollett, etc. *Paris*, Treuttel et Würtz, 1824. 1   in-8.

1781. —Statutes at large, from magna Charta to the
end of the last Parliament, 1761, by Owen Ruffhead. *London*, Mark Basket, 1763.........14   in-4.

1782. —A complete index to the statutes at large, from
magna Charta to the tenth year of George III,
by Owen Ruffhead. *London*, Uriel, 1772..... 1   in-8.

1783. — An exact Abridgment of all the Statutes in
force and use; from the beginning of magna
Charta. *London*, Atkins, 1708............. 1   in-8.

1784. — A History and Defence of magna Charta.
London, Bell., 1759.................... 1   in-8.

1785. — A History and Defence of magna Charta.
Dublin, Williams, 1769................. 1   in-8.

1786. — Eunomus : or Dialogues concerning the Law

and Constitution of England , with an Essay on
Dialogue (by Edward Wynne). *London* , White ,
1774. . . . . 3 in-8.

1787. — Eunomus : or Dialogues concerning the Law
and Constitution of England , with an Essay on
Dialogue, by Edward Wynne, with notes by
W. M. Bythewood. *London* , Sweet, 1822 ,
3 tomes en. . . . . 1 in-12.

1788. — The Constitution of England , or an account
of the English Government , by J.-L. Delolme.
London , Robinson , 1784. . . . . 1 in-8.

1789. — Constitution de l'Angleterre. *Amsterdam* ,
Van Harrevel , 1771. . . . . 1 in-8.

1790. — Constitution de l'Angleterre, ou État du
Gouvernement anglais comparé avec la forme
républicaine et avec les autres monarchies de
l'Europe , par Delolme. *Paris* , Buisson , 1787. . 2 in-8.

1791. — The Constitutional History of England, from
the accession of Henry VII to the death of
George II , by Henry Hallam. *Paris* , Baudry ,
1827. . . . . 4 , in-8.

1792. — Histoire constitutionnelle de l'Angleterre
depuis l'avénement de Henri VII jusqu'à la mort
de George II , par Hallam , traduite par Guizot.
Paris , Guibert, 1828 (Le 1er vol. double.). . . . . 5 in-8.

1793. — Précis de l'histoire de la Constitution d'Angleterre depuis l'avénement de Henri VII jusqu'à la mort de George II, d'après Hallam , par
A. R. Borghers. *Paris* , Ducessois. . . . . 1 in-8.

1794. — The royal and Constitutional Regeneration of
Great Britain , by George Edwards. *London* ,

1805. — Commentaires sur les Lois anglaises, par
W. Blackstone, avec des notes de Ed. Christian;
traduits par N. M. Chompré. *Paris*, Bossange,
1822................................... 6 in-8.

1806. — A Systematical wiew of the Laws of England,
by Richard Wooddeson. *London*, Th. Payne,
1792................................... 3 in-8.

1807. — The History of the Common Law of England, by sir Matthew Hale. *London*, Nutt,
1739.................................. 1 in-8.

1808. — The Law of Executors and Administrators,
by Samuel Toller; corrected by Francis Whit-
marsh. *London*, Butterworth, 1822......... 1 in-8.

1809. — A Treatise on the Law of Wills and Codi-
cils, etc., by William Roberts. *London*, Butterworth, 1826......................... 2 in-8.

1810. — An Institute of the Laws of England, ou les
Lois de l'Angleterre dans leur ordre naturel,
par Thomas Wood. *London*, H. Woodfall, etc.,
1763 .... 1 in-fol.

1811. — An Introduction to the Law relative to trials
at nisi prius, by Francis Buller. *London*, Strahan, 1785............................. 1 in-4.

1812. — An Analysis of the Laws of England, by sir
William Backstone, *Oxford*, Clarendon, 1762. 1 in-8.

1813. — An Analysis of Blackstone's Commentaries
on the Laws of England, by barron Field.
London, Cadell, 1811.................... 1 in-8.

1814. — The Practical justice of peace, by Joseph
Schaw. *London*, Nutt, 1728.............. 2 in-8.

1815. — Des Pouvoirs et des Obligations des Jurys, par sir Richard Phillips, trad. de l'anglais par M. Comte. *Paris*, Eymery, 1819........... 1   in-8.

1816. — Du Jury en matière civile et criminelle, traduit de Blackstone, par Cl. Fr. Blanc. *Paris*, Ravier................................ 1   in-12.

1817. — The Complete Juryman : or a compendium of the Laws relating to Jurors, etc. *London*, Henry Lintot, 1752.................... 1   in-12.

1818. — Law tracts, by sir William Blackstone. *Oxford*, Clarendon, 1762.................. 2   in-8.

1819. — A Declaration of that paradox, or thesis, that Self-homicide is not naturally sinful, by John Donne. *London*, 1700.............. 1   in-8.

1820. — The Practical Register : or a general abridgement of the Law relating to the practice of the several courts of Chancery, King's Bench, Common Pleas, and Exchequer, by John Lilly. *London*, Lintot, 1745 .... 2 in-fol.

1821. — The Practice of the Courts of King's Bench and Common Pleas, in personal actions and ejectment, by William Tidd. *London*, Butterworth, 1824......................... 3   in-8.

1822. — The New Instructor Clericalis, stating the authority, etc., and modern practice of the Court of King's Bench, by John Impey. *London*, Clarke, 1823.......................... 1   in-8.

1823. ——— Of the Court of Common Pleas, by John Impey. *London*, Clarke, 1826.............. 1   in-8.

1824. — Les Plees del Coron divisees in plusors titres

et comon lieux, par Guilliaulme Staund Forde. *London*, Tottel, 1574.................... 1 in-4.

1825. — A Treatise on the Law of evidence, by March Philipps. *London*, Strahan, 1822.......... 2 in-8.

1826. — The Law of Evidence, by baron Gilbert; enlarged by Capel Lofft. *London*, Strahan, 1791... 4 in-8.

1827. — The History and Practice of the high court of Chancery, by baron Gilbert. *London*, Lintot, 1758............................... 1 in-8.

1828. — The Practice of the high Cout of Chancery, by Joseph Harrison; arranged by John Newland. *London*, Strahan, 1808.............. 2 in-8.

1829. — The present Practice and Costes in the high court of Chancery, by Samuel Turner. *London*, Clarke, 1810............................ 2 in-8.

1830. — A Digest of the rules and practice as to Interrogatories, etc., in the courts of equity and Common Law, with precedents, by John Walpole Willis. *London*, Pheney, 1816........ 1 in-8.

1831. — Pleadings in equity, etc., in the court of Chancery, by John Walpole Willis. *London*, Pheney, 1820........................... 1 in-8.

1832. — A Treatise of Equity, by John Fonblanque. *London*, Clarke, 1820................... 2 in-8.

1833. — The General Orders of the high court of Chancery, from the year 1600 to the present period, by John Beames. *London*, Reed, 1815. 1 in-8.

1834. — The Laws, Ordinances and Institutions of the Admiralty of Great Britain, civil and military. *London*, Millar, 1746 2   in-8.

1835. — A Collection of the Statutes relating to the Admiralty, Navy, and ships of War. *London*, Mark Baskett, 1768 1   in-4.

1836. — Precedents of Proceedings in the House of Commons, etc., by John Hatsell. *London*, Payne, 1796 ....4 tom. en 2   in-4.

1837. —— New edit. 1818 4   in-4.

1838. — Principles of Penal Law. *London*, White, 1775 1   in-8.

1839. — Commentaire sur le Code criminel d'Angleterre, traduit de l'anglais de Guillaume Blackstone par l'abbé Coyer. *Paris*, Knapen, 1776. 2   in-8.

1840. — De l'Administration de la Justice criminelle en Angleterre, et de l'Esprit du Gouvernement anglais, par Cottu. *Paris*, Nicolle, 1820 1   in-8.

1841. — Observations on Penal Jurisprudence, and the reformation of criminals, by W. Roscoe. *London*, Cadell, 1819 1   in-8.

1842. — Des Lois de police et criminelles de l'Angleterre, ouvrage trad. de l'anglais de Blackstone, par Ludot. *Paris*, Hacquart, 1801 1   in-8.

1843. — De la Législation anglaise sur le libelle, la presse et les journaux, par M. de Montveran. *Paris*, Eymery, 1817 1   in-8.

1844. — A Treatise on the offence of Libel, by John George. *London*, W. Smith, 1812 1   in-8.

1845. — De la Jurisprudence anglaise sur les crimes politiques, par M. de Montvéran. *Paris*, Gosselin, 1829 3   in-8.

1846. — Procès des Ministres anglais accusés de haute trahison, etc., par Paquis et Claudon. *Paris*, A. Costes, 1830 1   in-8.

1847. — Practical remarks and precedents of procedings in Parliament on private bills, by Charles Thomas Ellis. *London*, Woodfall, 1810 1   in 8.

1848. — The Works of Edmund Burke. *London*, Rivington, 1826-1827 . . . . 16 in-8.

1849. — Cobbett's Complete collection of State trials, et from the year 1163 to 1820. — General Index by T. B. and T. J. Howell. *London*, Hansard, 1809 et suiv. . . . . 34 in-8.

1850. — Jeremy Bentham's Defence of usury. *Dublin*, Williams, 1788 . . . . 1 in-12.

1851. — — Chrestomathia. *London*, Payne, 1816 . . . 1   in-8.

1852. — — Plan of Parliamentary reform. *London*. Hunter, 1817 1   in-8.

1853. — — Théories des peines et des récompenses (extr. des manuscrits de.....), par Ét. Dumont. *Paris*, Bossange, 1818 2   in-8.

1854. — — The Elements of the art of packing to special Juries. *London*, Effingham. Wilson, 1821 1   in-8.

1855. — — An Introduction to the principles of Moral and Legislation. *London*, Pickering, 1823. 2   in-8.

1856. — — Traités de Législation civile et pénale, publiés en français par Ét. Dumont. *Paris*, Bossange, 1802 3   in-8.

1857. — — A Fragment on Government. *London*,

Pickering, 1823......................... 1   in-8.

1858. —— The Book of fallacies : from unfinished
papers of..... by A. Friend. *London*, Hunt, 1824. 1   in-8.

1859. — The Rationale of Reward. *London*, Hunt,
1825................................1   in-8.

1860. —— Esquisse d'un ouvrage en faveur des pau-
vres, adressée à l'éditeur des Annales d'Agri-
culture, par...., publiée en français par Ad.
Duquesnoy. *Paris*, Impr. des Sourds-Muets,
an X..................................... 1   in-8.

1861. —— Churf of Englandism and its Catechism
exanimed. *London*, Wilson, 1817............. 1   in-8.

1862. —— Panopticon; Penitentiary-Houses. *Dublin*
and *London*, Payne, 1791................ 3   in-12.

1863. —— 1 Lettres to count Toreno on the proposed
penal Code. *London*, Taylor, 1822. —— Observations on the restrictive and prohibitory
commercial system; publ. by John Bowring.
London, Wilson, 1821.................... 1   in-8.

1864. — Edw. Coke's Institutes of the Laws of England.
London, 1656.............................3   in-fol.

1865. ———— A Systematic arrangement of......
first Institute of the Laws of England, etc, by
J. H. Thomas. *London*, Brooke, 1818. (gr. pap.). 3   in-8.

1866. — Les Reports de Edward Coke. *Londini*,
More, 1636............................12 p.in-fol.

1867 — Reports of George Croke of such select cases
of the late queen Elisabeth. Revised by sir Har-
bottle Grimston. *London*, Roper., 1669...... 1   in-fol.

1868 — The Reports and arguments of that learned

juge sir John Vaughan; published by Edward
Vaughan. *London*, Roycroft, 1677.......... 1 in-fol.

1869. — Les Reports de Jacques Dyer. *London*,
Rawlins, 1688.......................... 1 in-fol.

1870. — Reports of cases adjuged in the court of exchequer; collected by Thomas Hardress. *London*, Atkins, 1693...................... 1 in-fol.

1871. — John Kelyng's Reports of divers cases in pleas
of the crown. *London*, Cleabe, 1708........ 1 in-fol.

1872. — Thomas Parker's Reports of cases on revenue
in the court of exchequer. *London*, 1776..... 1 in-fol.

1873. — John Cambell's Reports of cases determined
at nisi priùs in the courts of King's bench and
common pleas. *London*, Strahan, 1809...... 1 in-8.

1874. — Simon Fraser's Reports of the proceedings
before select committees of the house of commons, in the following cases of controverted
Elections. *London*, Murray, 1791.......... 1 in-8.

1875. — Chr. Robinson's Reports of cases in the high
court of Admyralty. *London*, Strahan, 1801.. 4 in-8.

1876 — Antony Hammond's a Digest of reports in
equity. *London*, Butterworth, 1821........ 2 in-8.

1877. ————————— An analytical Digested
index to the term reports, and others, etc., in
the courts of King's bench, common pleas and
exhequer. *London*, Clarke, 1824...........

1878. — Precedents in conveyancing by Gilbert Hors-
man. *London*, Woodfall, 1768............ 2 in-fol.

1879. — A complete body of conveyancing, in theorn
and practice, by Edward Wood, revised by

15.

John Joseph Powell. *London,* Strahan, 1790 .. 3 in-fol.

1880. — J. Chitty's a pratical Treatise on the criminal
Law. *London*, Valpy, 1816. 4   in-8.

1881. — Wm. Oldnall Russal's a Treatise on crimes
and misdemeanors. *London,* Butterwort, 1819 .. 2   in-8.

1882. —Extracts from such of the penal Laws as par-
ticulary relate to the peace, and good order of
this metropolis by sir John Fielding. *London,*
Woodfall, 1769 1   in-8.

1883. —. Thomas Starkie's a treatise on criminal plea-
ding. *London,* Clarke, 1822 2   in-8.

1884. — William Hutchinson's a dissertation on infanticide in its relations to physiology and jurisprudence. *London*, Aldard, 1821 1   in-8.

1885. — S. Payne Adye's a Treatise on courts Mar-
tial; also an essay on military punisments and
rewards. *London,* Vernor, 1810 1   in-8.

1886. — A Complete collection of state Trials, and
proceedings for high Treason by Emlyn. *London,* John Walthœ; etc., 1742-1766. (Manque
le volume VII) . . . . 9 in-fol.

1887. — The Whole proceedings in the house of
peers upon the indictments against William Earl
of Kilmarnock, etc., for high Treason. *London,*
Samuel Bellingsley, 1746 . . . . 1 in-fol.

1888. — Thoughts on executive justice With Respect
to our criminal Laws. *London*, Dodsley, 1785.. 1   in-8.

1889. — An Historical treatise of an action or suit
at Law, and of the proceedings used in the
King's Bench and common pleas, etc., by R.

Boote. *London*, Johnston, 1766............. 1 in-8.

1890. — The Countrey justice containing the practice of the justices of the peace out of their sessions, by Michael Dalton. *London*, Sawbridge,
1677................................... 1 in-fol.

1891. — The Whole Law relative to the Duty and
office of a justice of the peace, by Thomas Walter Williams, third edition, by H. Nuttal Tom-
lins. *London*, Stockdale, 1812............. 4 in-8.

1892. — The Justice of the peace And Parish officer,
by Richard Burn. *London*, Strahan, 1776.... 4 in-8.

1893. ————— Autre edition, by George Chet-
wynd. *London*, Strahan, 1820............. 6 in-8.

1894 — The Laws and customs of Scottland in matters
criminal, by George Mackenzie. *Edinburgh*, Anderson, 1699. — A Treatise of mutilation and
demembration, by Alexander Seton. *Edinburgh*,
Anderson, 1699.—Observations upon the XVIII
act parliament XXIII, King James VI, against
dispositions made in de fraud of creditors, etc.,
by George Makenzie. *Edinburgh*, Anderson,
1699 .... 1 in-fol.

1895. — A System of the principles of the Laws of
Scottland, by George Wallace. *Edinburgh*,
Millar, 1760 .... 1 in-fol.

1896. — The principles of the Laws of Scottland, in
the order of sir Georges Mackenzies institutions
of that Law. *Edinburgh*, Balfour, 1764...... 1 in-8.

1897.—View of the political stale of Scottland. *Edinburgh*, J. Moir, 1812..................... 1 in-8.

1898. — Commentaries on the municipal et mercantile Law of Scottland, considered in relation to the subjecte of Bancruptcy, by George Joseph Bell. *Edinburgh*, Manners, 1804 .... 2 in-8.

1899. — An Introduction to the Knowledge of the stile of Writs, made use of in Scottland, by John Spottiswoode. *Edinburgh*, Cheyne, 1752. 1 in-12.

1900. — Private Bills, Recueil en .... 3 in-fol.

1901. — A new and complete Law Dictionary or general abridgment of the Law, etc., by T. Cunningham. *London*, W. Flexney, 1771 .... 2 in-fol.

1902. — A new Law Dictionary, by Giles Jacob. *London*, 1762 ...., 1 in-fol.

1903. — A Collection of all the statutes Now in use in the Kingdom of Ireland. *Dublin*, Benjamin Tooke, 1678 .... 1 in-fol.

1904. — A compendioris Digest of the statute Law comprising the substance and effert of the most materiel clauses in all the public acts of parliament, etc., by Thomas Walter Williams. *London*, Clarke, 1812 .... 2 in-8.

1905. — A Digest of the statue Law Being an abridgment of all the public acts of parliament, by Thom. Walter Williams. *London*, Strahan, 1791. 1 in-4.

1906. — A Digest of the Law of partnership, by Basil Montagu. *London*, Butterworth, 1815 .... 2 in-8.

1907. — The speeches of Charles Phillips, delivred at the bar, and on various public occasions in Ireland and England, edited by Himself. *London*, Longmann, 1817 .... 1 in-8.

1908. — An Abrigdment of the publick statutes of Ireland now in force and of general use by Ed.
Bullingbrooke. *Dublin*, Boulter Grierson, 1762.
2 tom. en 1   in-4.

1909. — An Appendix to the abridgment of the statutes of Ireland by Francis Vesey. *Dublin*,
David Hay, 1776...................... 1   in-8.

1910. — Traités sur les Coutumes anglo-normandes,
publiés en Angleterre, depuis le xie jusqu'au
xive siècle, par Houard. *Paris*, Saillant, etc. ,
1776................................... 4   in-4.

1911. — The Altorney's new Pocket Book and con-
veyancer's assistant, etc., by Frederic Coninges-
by, Jones, *Dublin*, Wogan, 1794........... 2 in·12.

1912. — A Treatise of the common Law concerning
huslands and wives. *London*, Atkyns, 1700... 1 in-12.

1913. — The Antient right of the commons of England
asserted, by William Petyt. *London*, Smith;
1680 1   in-8.

1914. — Les Divorces anglais ou Procès en adultère,
jugés par le banc du roi et la cour ecclésiastique
d'Angleterre. *Paris*, 1821................ 3 in-12.

1915. — The state of the Poor; or an history of the
Labouring classes in England, from the conquest
to the present period, etc., by Frederic Morton
Eden. *London*, J. David, 1797............ 3   in-4.

1916. — A Collection of all the treaties of Peace,
alliance, and commerce, betwen Great Britain
and other Powers, from 1648 to 1783, by Charles
Jenkinson. *London*, Debrett, 1785.......... 3   in-8.

1917. —————————— Un 2ᵉ exemplaire....... 3   in-8.

1918. Lex Mercatoria, or a complete Code of commercial Law, by Wyndham Beawes, enlarged;
by Joseph Chitty. *London*, Rivington, 1813.. 2   in-4.

1919. — The Merchant's Lawyer, or the Law of trade
in general, by T. Cunningham. *London*, Kears-
ly, 1762................................... 2   in-8.

1920. — New discorse of trade, by Josiah Child. *London*, Hodges.............................. 1   in-12.

1921. — A Treatise on the Law of mercantile gua-
ranties, and engagements in the nature of gua-
rantie, by Walter Wm. Fell. *London*, Butterworth, 1811............................... 1   in-8.

1922. — The ship Master's assistant ad ownner's ma-
nual, etc., by David Steel. *London*, Steel,
1817....................................... 1   in-8.

1923. — The Merchant, ship-Owner and ship-Master's
import and export guide, by Charles Pope. London, Baldwin, 1827....................... 1   in-8.

1924. — The Merchant, ship-Owner and ship-Masters
custom and excise guide for the year, 1824-
1825, by Charles Pope. *London*, Baldwin..... 1   in-8.

1925. — The pratical abridgment of the custom and
excise Laws, relative to the import, export, etc.,
by Charles Pope. *London*, Balwin, 1814...... 1   in-8.

1926. — An Abrigdment of all the statutes on revenue
of excise in Great Britain, by James Huie. *Edinburgh*, 1823.............................. 1   in-8.

1927. — An Essay on the distribution of Wealth,

and on the sources of taxation, by Richard
Jones. *London*, Murray, 1831. . . . . 1 in-8.

1928. — A Treatise on the Law of bills of exhange
and promissory notes; by Stewart Kyd. *London*,
Johnson, 1795. . . . . 1 in-8.

1929. — A. Compendious system of the Bankrupt
Law, by William Cooke. *London*, Brooke, 1785. 1 in-8.

1930. — An Essay of the Law of patents for new In-
ventions, by John Dyer Collier. *London*, Wilson,
1803. . . . . 1 in-8.

1931. — The Bankrupt Laws, by William Cooke, with
notes by George Roots. *London*, Hunter, 1823. 2 in-8.

1932. — A System of the Law of marine Insurances,
by James Allan Park. *London*, Strahan, 1817. 2 in-8.

1933. — A System of the shipping and navigation,
Laws of Great Britain, and Law relative to merchant ships and seamen, and maritime contrats
by Francis Ludlow Holt. *London*, Butterworth,
1820 . . . . 2 in-8.

SUPPLÉMENT.

1934. — Diodori Tuldeni Opera Juridica. Lovanii,
1701, 1702. (Ce recueil contient des commentaires sur les Pandectes de civili Regimine, etc.,
le code, les Institutes). . . . . 5 in-fol.

1935. — R. P. Petri Leurenii Forum ecclesiasticum,
seu Jus canonicum universum. Aug. Vindelic.
Weith et Müller, 1737. . . . . 5 in-fol.

1936. — Henr. Zoesii Commentarius ad decretales epistolas Gregorii IX, recens. val. Andr. Desselius. Lovanii. Denique, 1732 . . . . 1 in-fol.

1937. — Didaci Covarruvias Opera omnia; accesserunt notæ uberiores Jo. Uffelii in variarum resolutionum libros. Genevæ, Fratres de Tournes, 1934 . . . . 5 in-fol.

1938. — Ferdinandi de Valentibus, Trebiensis sacri consistorii et R. C. apostolicæ advocati, Opera omnia selectiora. Romæ, J. B. Bernabo, 1744. . . . . .6 tom. en 8 in-fol.

1939. — Francisci de Caldas Pereyra et Castro, Jurisconsulti Lusitani, Opera omnia juridica. Coloniæ Allobrog. Bousquet, 1745 . . . . 7 in-fol.

1940. — Gerhardi Theodori Feltman (fratrum) Jurisconsultorum Opera juridica. Edid. Joan. Jacobus Van Hasselt. Arnhemiæ, Moëlemann, 1764-1766 . . . . 6 in-fol.

1941. — Les Trois Notaires de Jean Papon. Lyon, de Tournes, 1568-1578 . . . . 3 in-fol.

1942. — Practica Lusitana advocatis et judicibus, etc., necessaria; auctore Emmanuele Mendes de Castro. Ulyssiponæ. Alvarez, 1641 . . . . 1 in-fol.

1943. — Francisci Friderici ab Andler jurisprudentia qua publica qua privata variis tam de imperialis Maj. suprema auctoritate, etc., quam celsissimi judicii aulici prerogativa et progressu. Francof. ad Mœnum. Fleischer, 1737 . . . . 1 in-fol.

1944. — Exegeses Thesium ad capitulum, quæ contra jus fiunt, etc., et legem Liberam resis-

tendi, etc., cum connexis, etc., quæstionibus
adinclitæ facultatis juridicæ in universitate
viennensi. (Auctore Ignatio de Grossing). Viennæ Austriæ, Trattner, 1753.................. 1 in-fol.

1945. — Mercurialis Merlini J. U. D. et Patricii fo-
roliviensis Tractatus de pignoribus et hypothecis. Coloniæ Allobr., Cramer, 1742....... 1 in-fol.

1946. — Franc. Manticæ, cardin. Tractatus de con-
jecturis ultimarum voluntatum. Coloniæ Allobrog., Perachon, 1735...................... 1 in-fol.

1947. — R. P. Ant. Foll. Soc. Jes. doctoris Theologiæ, etc., SS. canonum Tractatus singulares de
legibus, etc., immunitate ecclesiastica, etc.
Augustæ Vindelic., Heiss., 1742............ 2 in-fol.

1948. — Ansaldi de Ansaldis Discursus legales de Commercio et Mercatura, cui adjecti sunt Tractatus
dé assecurationibus et proxenetis, auctore Ben.
Stracchâ. Còloniæ Allobrog., de Tournes, 1751. 1 in-fol.

1949. — D. Petri Rebuffi Commentaria in tit. Dig. de
verborum et rerum significatione. Lugduni, .
Hær. Guil. Rouillii, 1614 .... 1 in-fol.

1950. — Diario de las actas y discusiones de las Córtes.
1° Legislatura ordinaria, anos 1820-1821..... 24
2° ——— estraordinaria, año 1821....... 8
3° Discusion del codigo penal............. 3
4° Legislatura ordinaria, años 1822-1823.... 11
5° ——— estraordinaria, años 1822-1823. 6
6° Sesiones sueltas...................... 1

—— Coleccion de los decretos y ordenes que han

expedido las Córtes general. y extraord..
desde su instalacion : 1° de 24 septembre 1810
hasta 11 mayo 1814..................... 5

2° de 6 julio 1820 hasta 19 de febrero 1823.. 5

       Vol. petit in-4..... 63

TABLE

DES MATIÈRES.

TABLE ALPHABÉTIQUE.

——————⟫•●•⟨——————

(Les chiffres indiquent les numéros et non la page.)

A

Andrœm-Oldenberger (Philip.). Pandectæ , 1690.

Angebolt. Recherches, 1274.

Anglesey (Arth. earl of). The privileges, 1773.

Annales de législ., 1279.

Année. Le livre noir, 932, 933.

Anquetil. Motifs des guerres, 533.

Anquetil-Duperron. Législation orientale, 1654.

Ansaldi de Ansaldis. Discursus, 1947.

Antoine (J. B. d'). Règles, 734.

- *Antonellus* (Jo. Car.). Tractatus, 667.

Archives, 558.

Ardant. Projet, 1483.

Argou. Institution, 829, 830.

Arnaud. Mémoire, 605.

Arnaud (Georg. d'). Variæ, 673. Variar. conject. lib. 792.

Arndt (C. G.). Ordonnance, 1622.

Arnould. Résultat, 401. Système, 577.

Arrêts, 1289. Articles, 269.

Aubert (Pierr.). Factums, 1307.

Augan. Cours, 1281.

Augeard (Math.). Arrêts, 970.

Auger (Athan.). De la constitution, 625.

Augsburg (Joh. Christ). Jura, 1250.

Augustinus (Ant.). Antiquæ decret. collect. 51. Dialogi 50. Juris Epitome, 57, 58.

Auroux Despommiers (Mathieu). Coutumes, 1043.

Automne (Bern.). La conférence, 828.

Autorité (de l'), 247.

Averanius (Josephus). Interpretationes, 641.

Avis, 271.

Azoneus. In codic. comment., 755.

Azuni (Domenico Alb.). Systema, 569 , système , 570; Droit, 584.

B

C.

Chrisyn (J. B.). Consuetudines, 1615. Cinque, 433.

Cironius (Innocentius). Quinta Compil. 39.

Claproth (J. C.). Principes, 457.

Claprothus (D. Just.). Jurisprudentiæ, 768.

Claret. Table, 1475.

Clariond. Journal, 1448.

Clarke (John). Bibliotheca, 1729.

Clarkson (Th.). Essai, 1678. The history, 1676.

Claudon. Procès des Ministres, 1846.

Clavière (E.) Adresse, 1675.

Clemens XI. Bullarium, 76. Constitutio, 77. Epistolæ, 75.

Clerget (l'abbé). Le cri, 1005.

Clerus. Compendiosa, 127. Forma, 125.

Clos (C. J.) Analyse, 853.

Cobbett. Collection, 1849.

Cocceius (Sam. de). Jus civ., 773.

Cérémonial 248, 249, 383.

Cocceji (Sam. de). Code, 1629.

Cochin. OEuvres, 1163.

Code, 598, 1630, 1632.

—— *civ,* 1376, 1378, 1380, 1384, 1397.

—— *commerc.,* 1441, 1444.

—— *corse,* 911.

—— *des délits,* 1569.

Code de Henri III, 873.

—— *d'instruct. cr.* 1565, 1566.

—— *de procéd. civ.,* 1460, 1461, 1463.

—— *voitur.,* 912.

Codex, 377.

—— *Legum* 864.

—— *Legum Wisigothor.* 1600.

Codigo, 1647.

Coffinières (A. S. G.) Code Napoléon, 1392. Examen, 1489.

Coin Deslisle. Commentaire, 1491. Loi, 1490.

Coke (Edw.). Institutes, 1864. Reports, 1866. A systematic, 1865.

Colbert (l'abbé de). Les éléments, 468.

A Collection, 1903. *Collectio,* 13, 72, 42, 1362. *Collezione,* 1642.

Collet (Phil.). Statuts, 1050.

D.

F.

G.

H.

I.

J.

K.

L.

M.

N.

P.

Q.

R.

S.

T.

U.

V.

Van Recum (A.). Méditations, 1563.

Van Vryhoff (H.-G.). Observationes, 680.

Vatar (Franç.). Journal, 955.

Vattel (de). Le Droit, 462, 463, 464. Questions, 467.

Vaucel (Lˢ.-Franç. de). Essai, 1248.

Vaughan (Edw.). The Reports, 1868.

Vauzelles (J.-B. de). Procès, 1360.

Vera (Antonio de). Le Parfait Ambassad., 482.

Vermeil. Essai, 1524.

Versey (Franç.). An Appendix, 1909.

Vertot (l'abbé de). Ambassades, 529.

Vicat (B.-Philippus). Vocabularium, 695.

View, 1897.

Vigier (J.). Les Coutumes, 1013.

Vieillard (le), 169.

Villargues (Rolland de). Traité, 1408.

Villiers (l'abbé de). Apologie, 181. Principes, 82.

Villiers (Jⁿ de). Traitez, 1596.

Vincens (Émile). Exposition, 1447.   —

Vinnius (Arnoldus). Commentarius, 753, 754. Jurisprudentiæ
  Juris lib., 769.

Viole (Jacq.). Coutumes, 1139.

Vital-Roux. Révision, 1437.

Vitriarius (Phil.-Reinh.). Institutiones, 454.

Voeillius (Gul.). Bibliotheca, 36.

Voet (Joan.). Commentarius, 720.

Voet (Paulus). De Duellis, 560.

Vogel. Code, 1720. Priviléges, 863.

Voorda (Jac.). Electorum lib., 682.

Vrévin. Le Coutumier, 1137.

Vulteius (Hermannus). Jurisprudentia, 770.

W.

Wæchtelerus (Chrisfiedus). Opuscula, 811.

Walchius (Car.-Frid.). Introductio, 776.

Wallace (George). A System, 1895.

Walpole Willis (John). A Digest, 1830. Pleadings, 1831.